# 77のことわざで学ぶ安全心得

## 油断大敵、安全第一

黒島敏彦［著］

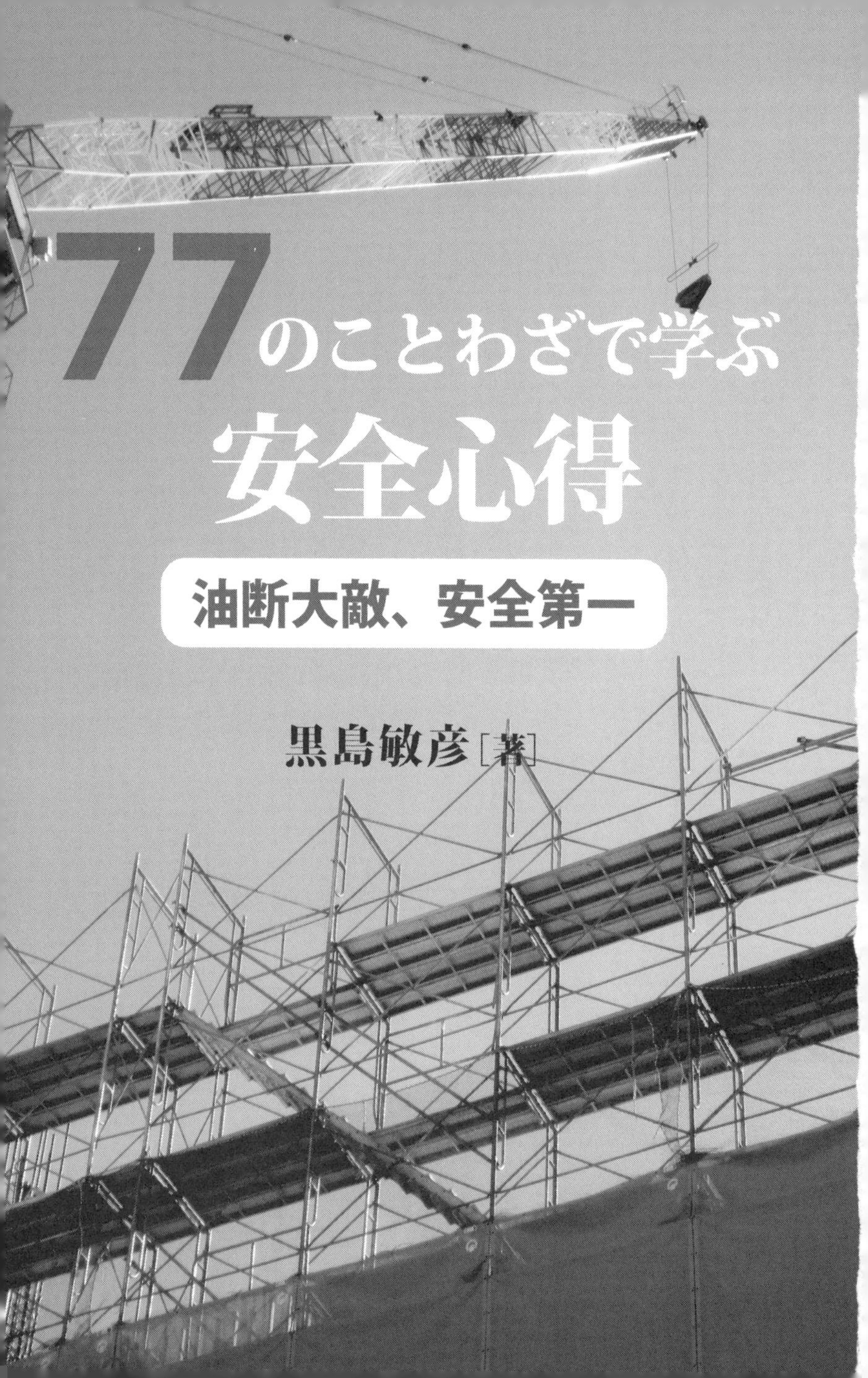

# はしがき

労働災害は、関係者の方々のご努力によって年々、減少傾向にあります。

全国の労働災害死亡者数は、3年ほど前に待望の年間1000名を割りましたが、今や900名を割るに至っております。しかしながら、今なお900名の方々が尊い命を亡くしておられるということに変わりありません。自分たちの現場から事故・災害を出さないためには、監督者・作業員がそれぞれ主人公となって、一体となって積極的に取り組む必要があります。

私は、長年にわたり建設工事現場の安全関係について勉強させていただきました。行く先々の現場で感じ取ったことや蓄積した安全心得に関することなど、そのつどメモに残しておりましたが、これらを整理して、なおかつ家庭生活周辺でのことなども若干加えながらまとめてみたものです。

ところで、古来、伝えられてきたものの一つに「ことわざ（諺）」があります。誰がいつ頃から言い出したのかよく分かりませんが、世代から世代へと言い伝えられてきた身近な日常生活の真理を、そして体験に基づく教訓や知識、社会風刺などをうがった見方で比較的語呂よく、簡潔に表現した言葉です。この数多くある諺は、一体どれだけあるのか分かりませんが、耳にする諺すべてが当を得ているように思います。そして、これらの諺は、よくよく読んでみますと、安全生活にも適合するし、活用できるものが数多くあることが分かりました。そこで、この一冊の本を気軽に読んでいただくために、聞きなれた故事・ことわざを媒体として入ってもらおうと、自己流で試みながら編集してみました。

通勤電車の中で、あるいは会社や現場での昼休み休憩時間などにパラパラとめくって、どこからでも読める現場安全マニュアル（安全エッセイ）です。

一人でも多くの方々にお楽しみいただいて、そして少しでも皆様のお役に立つことができれば幸いです。

なお、本誌に収録しました77編のうち19編につきましては、労働新聞社発行の『安全スタッフ』（２０１７年2月1日号）付録としてすでに発表しております。

労働新聞社安全スタッフ編集長・高野健一氏のご厚意に感謝いたします。

# 推薦のことば

私は、長崎工業高校出身です。昨年、母校の創立80周年の記念式典出席で、長崎に行きました際に、黒島さんと話す機会がありました。話をうかがいますと、黒島さんの労働安全コンサルタントの仕事に興味深いものを感じたのです。そこで、私のような素人にとっても興味深いのだから、「知識を頭の中にしまっているだけでは、もったいないですよ。本にまとめて、安全心得の大切さをより多くの人たちに伝えてくださいよ」と出版の話を提案しました。

私自身も、「安全心得」は、気にはなっていました。〇〇の工事現場で、事故が起きると、新聞などで事故の様子が紹介されますが、「安全心得」に関する知識がなかったので、記事を読むだけで終わっていました。ひとたび、事故が起きてしまうと大変です。本人だけではなく、家族にも不幸をもたらし、会社にも大きな損失を与え、さらには、一緒に働いている仲間の皆さん方にも大変な迷惑をかけ、自分一人の問題だけでは済まないことがよく分かりました。

話をうかがって分かったのは、不幸な災害を起こさないポイントは、安全衛生法・規則等を軸とした「安全心得」をしっかりと守って行動することだと思います。

たとえば、挨拶は、人間関係の基本であり、職場のマナーと心得る。

心と身体の健康に注意して、十分な睡眠をとるように、心がける。

整理、整頓、清掃、清潔に心がけて、作業環境を整える。

機械、器具、工具類は、不具合がないか、使用する前には必ず、点検する。

現場の作業は、安全第一に心がけ、急いでいても、慌てない。

作業前には、快適な状態で作業にかかれるように、軽い柔軟体操をして体をほぐす等々。

以上のような内容は、いつでも、どこでも、当たり前のように聞いていています。だから、そんなこと分かっているよ、と言って、油断するのです。そこで、一つひとつは、小さなことであっても、それが大きな事故につながってしまうのです。そこで、黒島さんは、諺（ことわざ）を使って、「安全心得」に興味を持たせ、自然な形で勉強ができるように工夫されました。そこが本書のポイントです。勉強は楽しく、知識は素直に、吸収されることが大切です。

私も、今回「安全心得」について、大いに勉強しました。現場で労働災害がなくなるために、この本が〝ご安全に！〟役に立つと信じております。

このような機会をいただいた、黒島さんに感謝です。ありがとうございました。

一般社団法人発明学会会長　中本繁実

## もくじ

## 第3章　各立場での責務

# 第1章

## プロローグ

## 1　挨拶は心の窓、安全・安寧《あんねい》の鍵

「挨拶」とは、広辞苑を引くまでもありませんが、「相手と取り交わす祝意や感謝・親愛の意などを表現する（あるいは述べる）言葉であり、それにともなう動作」です。挨拶は、人間関係の基本であり、人と人とのつながり（コミュニケーション）に欠かせない重要な位置を占める一種の道具であります。また、人と人の互いの心の窓を開く鍵、「安全・安寧の鍵」ともいえるでしょう。

そこで、安全心得に入る前に、普段何気なく使っている6つの場面ごとの「人間関係の要」とも言える挨拶についての考察から入りたいと思います。

### 挨拶（その1）　おはよう

おはよう！　一日の始まりです。今日、一日を気持ちよく過ごすためにも元気よく、「おはよう！」、「おはようございまあす！」と大きな声でお互いに声を掛け合いたいものです。

また、「おはよう」と言ったことに対して、どんな形でもいいから相手から元気な声が返ってくると、今日も、何かいいことがありそうな、仕事がうまくいきそうな、あるいは、また、いい人に出会えそうな、そんな期待がもてる一日の始まりとなりそうな、明るい気分になるのは間違いないところです。

ところが、このコミュニケーションのいろはの「い」が、最近は、疎遠《そえん》になっていないでしょうか。職場で、あるいは、住まいの近所で、行き会う人に声を掛ける。「おはようございます」、あるいは、「こんにちは」の意をこめて、頭を少し下げるなど自然体で目礼することは、日常茶飯事の基本的マナーであると思います。

これが、最近の若い人たちには、なかなかできていないのではないでしょうか。しかしながら、できない理由（わけ）の多くは、これまでの諸先輩に起因していると私は思います。

新入社員が「おはようございます！」と元気よく大きな声を出して事務室（所）入ってきました。これに対する先輩の反応が、今一つ不足していませんか。周りが挨拶を返す人ばかりでしたら、「挨拶習慣」は定着して、それこそ職場内外で習慣化していくはずですが、先輩（おじさん）たちが無言の反応を示すことによって、やがて「職場ってこんなものか」と結論づけられてしまい、初めのうちは、「おはようございます」とか、「お先に失礼します」とか、元気に言葉に出していたのに、入社して、２～３カ月もたつと、無言で入ってきて、夕方も黙って帰ってしまう、ということになってはいませんか。このようにして、職場の悪い習慣として、年々引き継がれていくとしたら、じつに悲しいことです。

後輩の姿を見かけたら先輩の方から先に、「おはよう！」とか、声を掛けることができるはずです。誰ということなく、この、ちょっとした声掛けにお互いが心掛けるならば、毎日が気持ちよく働ける元気な明るい職場となることは間違いありません。

## 挨拶（その2）　おはようと声を出す

では、先輩やおじさんたちは、なぜ、挨拶をしないのか、なぜ、一声返すことができないのかと問いたくなりますが、当事者たちに聞けば、おそらく「なぜ、挨拶する必要があるのか」と考えているのではないでしょうか。仕事は自分なりに〝きちんと〟やっている（つもり）、上司と話をするのは仕事の指示を受けたときと聞かれたときに対応したり、終わったときにきちんと報告すればそれでいい、まして、後輩たちとは何の話もする必要なしとでも考えているのでしょうか。

しかし、一般的な勤め人の社会では、周囲との共存やチーム内での融和・協調が必要・不可欠であることは言うまでもありません。そういう中にあって、チームのまとめ役的存在の〝いいおじさん〟が挨拶しないだけでなく、相手の挨拶にも返すことができないということは、相手を思いやる余裕もなく、自己中心的できわめて〝おそまつ〟な先輩だと私は思います。「仕事ができるからっていばるんじゃないよ」、「挨拶も仕事のうちと心得よ」と言いたくなります。あのフレッシュマンの希望に満ちた大きな声の挨拶を決して絶《た》やしてはならないと思います。

## 挨拶（その3）行ってきまあす

行ってきまあす！　元気よく声を出して言うと、何と響きのよい言葉であることかと思います。行って帰ってくる、ごく当たり前の言葉であり、行きっ放しで帰ってこなかったら、大変なことになります。

その昔、アポロ計画では、スペースシャトル事故で帰れない人たちもいましたが、今では宇宙出張（？）も無事に帰ってこられるような時代になりました。

「行ってきます」、この当たり前のこと、行く先々には、それぞれに幾多の苦難トラブルなどが待っているかもしれないけれど、これらを無事乗り越えて、当たり前のように帰ってくる。そして、これを日々繰り返すことができるということは幸せであり、これがまた常でなければならないのです。朝から晩まで、仕事を一生懸命頑張って、「行って（無事に）帰ってきます」です。

なんと心地よい響きでしょうか。当たり前のことを何気なく、当たり前にやって、毎日を平穏無事に過ごしたいものですね。

## 挨拶（その4）　お帰りなさい

「私のお母さんは、私が学校から帰るといつも〝お帰りなさい〟とにっこりしながら言ってくれる。どんなに面白くないことがあっても〝お帰りなさい〟というお母さんの言葉でもりもりと元気になる、……」、昔（半世紀以上も前でしたか）こんなすてきな児童の詩があったことを思い出しました。

お母さんが家にいるからこんな詩が作れるし、豊かな心にもなれるのではないでしょうか。昭和40年代でしたか、「鍵っ子」というあまり好ましくない単語ができました。夫婦共稼ぎが一般的となっている現在では、鍵っ子で育った子供がすでに壮年の域に達して、また、自分の子供が当たり前のように鍵っ子になっているのではないかと思います。「ぬくもり（温もり）」という言葉があります。外から家に帰って玄関の扉を開けて、「ただいまー」と言うと、中から、お母さんの「お帰りー」という声が聞こえてくると子供はほっとするでしょう。これが自然の「ぬくもり」です。

これが幼い子供の優しい心・豊かな心をまっすぐに育んでいるのではないでしょうか。「お帰りなさい」と母の元気な声が返ってくることで子供の心に暖かい風が入って、気持ちよく響くのだと思います。おまけに夕飯を支度するネギを刻むまな板の音が聞こえて味噌汁の匂いが流れてくるとなると、もうたまらない。夕焼けの情景、竹内六郎の世界まで浮かんできそうです。昔なら、自転車で回っていた豆腐屋さんのラッパの音さえ聞こえてきそうな風景まで想い起こされます。

子供が帰ったときにお母さんが家にいたとしたら、大きな声で「お帰りー」と言ってあげましょう。これが社会の原点です。

## 挨拶（その5）ごめん、すみません

間違った言動や、相手に何らかの迷惑・不愉快などを与えた場合は、即刻（早いうちに）素直に謝る必要があります。それが「すみません」であり、「ごめん」です。わかっていたら早いほどよいのです。たとえば、2〜3日経ってから謝られても釈然としない、何をいまごろ（あるいは、いまさら）とか、かえって蒸し返してくるだけです。

謝る場合は、機を逸しないことが大事です。そして、謝るときは素直に謝る。「しかしながら、……」とか決して言い訳しないことです。せっかく謝ったのに、言い訳していては相手には、真の謝意が伝わらないだけでなく、相手をまた怒らせてしまうことにもなりかねません。とにかく、自分の反省している気持ちを正直に相手に伝えることです。

すると、相手は、承《う》けいれるという心の変化が生じて、「許す」という状態に移行することでしょう。したがって、謝るときは、機を逸することなく気持ちよく、正直に、素直に、謝るのが一番です。

ごめん、すみません、失礼しました。素直に態度で示すことです。

## 挨拶（その６）　ありがとう

謝意を示す感謝のことばです。「ありがとう！」言葉の〝響き〟がいい。「ありがとう！」と言われると悪い気はしないですね。

ところが、自分はその人のために、労を尽くしたと思っているときに、その人から何の言葉も反応もない場合はどうでしょうか。決して恩を売っていたわけではないし、見返りを期待していたわけでもないけれども、何か不満が残るというのも人情ではないでしょうか。

また、感謝の意を伝えたい、謝意を示したいという気持ちがあるとすれば、相手によく伝わるような意思表示が必要です。大きな声でありがとう！　と声を掛けるのもいいし、笑顔で頭を下げるのもいい。笑顔で右手をあげるのもよい。要するに、感謝の意が相手にわかるような手段で、はっきりと伝わらなければ、相手は謝意を確認することが難しくなります。自分の正直な感謝の心が、相手の心に明確に届くような意思表示につとめることです。

## 2　予防は治療に勝る（安全意識）

「安全意識の高揚」という言葉があります。安全を意識するということは、どういうことでしょうか。

その前に「安全」とは、何をいうのか考えてみます。とくに、工場や工事現場等では、毎日のように安全、安全と耳にしたり、目に映ると思いますが、「安」という字は、ウ冠の下に女と書く。つまり、「女は屋根の下にいて安寧・安心」ということのようです。現在の世の中では、共稼ぎしないと家計のやりくりもままならないということで、一般に女の人（成人女史）も外に出て働かざるを得ない状況にあっては、この語源も薄らいできます。

安全の「全」は全うしている。すなわち、すべて欠けているものがないということ、健全で、万全というわけです。広辞苑によると、「安全とは安らかで危険のないこと、平穏無事である」となっております。

一方、危険とは「危ないこと、危害、または、損失の生ずるおそれのあること」ということです。事故・災害の要因は、いつでも、どこにでも潜んでいます。それは、決して他人事ではありません。人は誰でも事故・災害に遭遇するチャンス（可能性）があるということを常に認識しなければなりません。そこで安全意識とは、平たく言えば私は、「危険を常に気にかけること」ではないかと思います。

そして、行動が伴ってこそ、その人は「安全意識がある」といえます。とくに、現在の世の中、なかなかできないことですが、街を歩くときは、前後左右、そして、上も下もよく見ながら歩かないと、いつ、どこで、何がぶつかってくるか、何かが落ちてくる、あるいは、道路陥没があったりとか、心配したらキリがありませんが、いずれにしろ周囲に目配りしながら歩かなければなりません。「畳の上の怪我」という言葉もありますが、わが家の畳の上だからと安心していると、思いも掛けず、突然、怪我することがあるということです。したがって、どこにいても常に周囲の危険を予知（意識）しながら行動しようということです。

だから、ＫＹです。一人ＫＹを確実に行なって確認しながら行動することに限ります。

安全論を続けるとすれば、「この世に安全は存在しない、本来存在するのは危険である」という見方もあります。したがって、危険に対する感受性を高めることに努めて、自分の周りから積極的に危険を除去して安全を確保するということが必要です。

実に、危険がいっぱいの世の中で、何の根拠もなく自分勝手な判断で、「大丈夫だろう」という推定だけでことを進めては決してなりません。念入りの確認の励行が必要です。確認は、慣れで行なうことなく、確実な確認を徹底するのは言うまでもありません。

「予防は治療に勝る」と、いう言葉があります。病は、まず、予防することが肝心です。病気にかかってからの治療より、予防で食い止めることが必須です。大事に至らなくて済みます。大事に至る前に、事故を起こす前に先手を打ちましょう。「危険がなく安心なさま」、この安全確保のために一人ひとりが安全意識を高める。ひいては、職場（社会）全体の安全意識の高揚に、みんなで頑張ってもらいたいと思います。

◇◇◇◇◇◇◇◇◇◇◇◇◇◇◇◇◇◇◇◇◇◇◇◇◇◇◇◇◇◇◇◇◇◇◇◇

## 3　柳は緑、花は紅《くれない》

当たり前のことを書きますので、笑わずに真剣に考えてください。すると何かが見えてくるかもしれません。これは頭の洗濯です。

〈当たり前のこと……〉　〈だから……〉

①丸い物は転がる　傾斜場所に置かない、ストッパー、車輪の歯止

②立て掛けてあるものは倒れる　支える、固定する、横にする

| | |
|---|---|
| ③動いている機械には巻き込まれる | 機械を覆う、近づかない、触れない、点検時は電源を切る |
| ④回転体の緩み、破損時は遠心力で飛来する | 覆う、固定する、止める |
| ⑤高い位置（場所）にある物（者）は落ちる | 固定、下へ降ろす、手摺り設置、安全帯使用 |
| ⑥高い場所には手が届かない | 足場組立、ローリングタワー、脚立、足場台等 |
| ⑦段差があれば躓く、踏み外す | 段差を除去（解消）する、足元をよく見る |
| ⑧刃物は切れる | 鞘に納める、出しっ放しにしない、よそ見しない |
| ⑨火や高熱に触れれば火傷する | 覆う、遮断する、触れない、消火、 |
| ⑩危険物は火を近づけると燃焼する | 火を近づけない、危険物を放置しない |
| ⑪電気は絶縁してなければ感電する | 絶縁、区画・安全距離確保、点検時保護・防具 |
| ⑫隙間があれば落ちる | 隙間を塞ぐ、隙間を作らない |
| ⑬暗いとよく見えないのでぶつかる、つまづく、落ちる | 全体照明・局部照明の併用、ペンライト |
| ⑭バランスを崩すと倒れる、落ちる | 安全帯、作業台、高齢者の高所は極力避ける |

| | |
|---|---|
| ⑮水（液体）は上から下へ流れる | 器の蓋を固く締める、堰 |
| ⑯遮蔽物（建物、塀等）の向こうが見えないので衝突する | 徐行、一時停止（止まって確認）<br>カーブミラーの設置 |
| ⑰重い物は、重いので苦労する | 分割する、軽くする、複数運搬、人力を避ける |
| ⑱軽いものは軽いので飛散する | 固定する、錘を付ける |
| ⑲声が小さいと聞こえない | （周囲環境を考慮しながら）大きな声を出すか、マイクロフォン使用、メモで指示 |
| ⑳その他 | |

何だろう？　なぜだろう？　これでいいのか？　このままで本当によいのか？　等々、普段、当たり前と思っていることでも疑ってみて、原点に返って問題意識を持つことが安全意識の高揚に大事なことです。

こうやって事故・災害を未然に防ぎたいものです。

## 4　石橋を叩いて渡る（安全への感受性を高める）

感受性とは、辞書によると「外界の刺激や印象を深く感じ取り、心に受け止める能力」とあります。端的にいうと「ものを感じ取る能力」ということです。危険に対する感受性は、危険を感じる能力であり、これを危険予知能力といいます。この感受性を養うことが大事であり、そのためには日頃から訓練することが必要となります。決められていることを守ることも確かに必要ですが、「こいつは危ないぞ、うっかりすると事故を起こすかもしれないぞ、だから、命取りにならないように自分はこうしよう」という、自分に迫っているかもしれない危険を予測しての自発的な行動こそが、真の安全行動といえます。

このように安全への感受性を高める訓練を危険予知訓練といいます。これに付け加えるとすれば、安全対策の基本は、「事故・災害が起きてからの対策ではなく、起きる前の事前の対策」に力を注がなくてはなりません。これが、安全への感受性を高めるということになります。

〝石橋を叩いて渡る〟という諺があります。壊《こわ》れるはずのない石橋でも一応叩いて渡る。用心に用心を重ねて確かめてから行動するということです。危険に対する感受性を高めて、つまり、安全への感受性を高めて〝浅い川も深く渡れ〟ということです。

## 5　身から出たさび

「安全第一」という標示・標識は、今やあらゆる工場や建設現場等に掲示されています。石油等の危険物運搬の車（車両）や工事作業車や建設現場に出入りする資器材運搬車等のボデー等移動するものにまで標示されるなど、よく見かける標識・看板ですね。しかしながら、この看板を掲げているどこの現場でも、果たして「安全第一」で仕事が進められているのでしょうか。当然のことながら、標識や看板を掲げていれば安全が確保できるわけではありません。安全第一とは、実践されなければ全く無益の単語にすぎません。たとえ、どんなにいいものが出来つつあっても、品質はもちろんのこと、納期（工期）も順調、予定通り。原価管理もまあまあ順調、地元近隣との関係も何とかうまくいっている等々、すべてが順調にいっているようであっても、ひとたび事故・災害が起きてしまったら、現場は作業ストップです。まして、万が一、人が亡くなるという事態にでもなったとしたら、時計は完全に止まってしまいます。もちろん、品質も、工期も、何も、論ずることはできません。

かつて、ＪＲ福知山線脱線事故を起こした企業の経営方針は、第一が「稼ぐ」であり、第二が「安全輸送」でした。安全を第二とする会社も珍しいですが、結果は見えていました。案の定、107名もの犠牲者を出してしまったのです。この企業は、他の企業と同じように「安全第一」の標識・看板だけは掲げていたかもしれませんが、これは、表向き看板だけで、まったく実践していなかったということです。尊い人の命を預かるという大事な使命を忘れてしまった（放置した）安全無視の暴走経営でした。

〈災害は待ってはくれない〉

「安全を度外視してまで急いでやる仕事はない」。じつに分かり切った当たり前のことです。

しかし、……、「工期が迫っている」とか、「5時までに終わらせなければならない」、あるいは、「ちょっとで済むから心配ない」、「慣れているので大丈夫」、あげくのはてには、「あとでやるから」、「次からやるから」と、危険に直面している、今やらないで、あとでやってても何の意味もないわけですが、うるさく言うとそんな言葉が返ってくることがあります。やるべきことが分かっていながら、不安全作業をやってしまう。不安全状態を作ってしまう。これでは、事故・災害がいつ起きてもいいような条件が揃ってしまったということです。しかし、災害は少しも待ってはくれません。条件が揃えば突然、容赦なく襲ってくるのです。

「身から出たさび」、では済まないのです。やるべきことが分かっているなら最優先でやれ！　ということですが、分かっていてやらないということは、事故・災害発生の可能性をある程度認めていると思われても仕方がない？　これは、確信犯としかいえません。「知行合一」という中国の格言（？）もありますが、知っているということは、実践がともなってこそ知っているといえるのです。行動がともなわないのは「知っている」とはいえません。知っている、やる能力もある、しかし、やらない。この結果は見えています。ご安全に！

◇◇◇◇◇◇◇◇◇◇◇◇◇◇◇◇◇◇◇◇◇◇◇◇◇◇◇◇◇◇◇◇◇◇

## 6　縁なき衆生は度し難し（安全祈願）

新しい年の初めには、各家庭で、あるいは、友達と、あるいは、また、勤務先の会社関係で、そろって、神社・仏閣に何らかの形で初詣に行く人が多いと思います。全国の参拝客ベストテンをみると、例年「明治神宮」、「成田山新勝寺」、「川崎大師」の参拝客順位は変わらないようでありますが、願いごとの中身となると「家内安全」、「無病息災」、「交通安全」、「工事安全」、「工場安全」、あるいは、また、「合格祈願」等々いろいろでしょう。

建設現場では、工事着工前には神主さんに現場にきていただいて、祈願祭を行なったり、関係者一同で近在の氏神様へ安全祈願に詣でるのが日常通例となっているかもしれません。

ところで、この「祈願する」ということは、神様にお願いするということでありますが、初詣時の講話の中で神官から面白い話を伺いました。「神頼みというのは、自分が何も努力しないで、神様にお願いさえしておけば神様が何とかしてくれると考えている人がいるとすれば、それは、大間違いである」と。受験勉強もロクにしないで、「どうか合格しますように」と頼んでみても、神様は見向きもしないということでした。「無事故・無災害でありますように」と祈る前に、自分はやるべきことを、しっかりとやったかということでありました。〝人事を尽くして天命を待つ〟という言葉のとおりに、やるべきことを十分にやって、そのあとは、神様にお任せする、というようでなければなりません。

したがって、安全祈願もまず、安全確保のために自分は（あるいは、自分たちは）「○○の安全確認を行ないます」、「○○の安全ルールを守って安全作業します」、「○○のために不安全行動をしません」等々、安全の誓いを立てて、これを口だけではなく、確実に実行することで神様も微笑んでくれる、ということでしょう。

また、神様に頼む人は、まず、神様を信じることです。神を信じようとしない人が神様に頼んだところで救われようがありません。仏縁のない人は、仏といえども、どうすることもできない、何の努力もしないで、神頼みだけする人の話は、神様は話を聞くことができない、ということでした。〝縁なき衆生は度し難し〟のとおりです。

## 7　ご安全に！（袖振り合うも多生の縁）

建設現場に行くと、必ず〝ご安全に！〟という言葉に出会います。建設現場が大規模になればなるほど他業種など大勢の見知らぬ作業員の皆さんと行《い》き交《か》うことが多いわけですが、行き交うたびに、この「ご安全に！」という挨拶を交《か》わします。知らない者同士とはいえ当然のことながら同じエンドユーザーの目的を叶えるために、同じ場所に毎日集い、場合によっては、合同の全体朝礼にも参加してヤル気を結集する。そして、行き交う〝仲間同士〟が挨拶言葉を掛け合うというのは、じつに気持ちの良い〝いい取り決め〟であり、すばらしい習慣を作ったものだと思います。袖振り合うも多生の縁です。

この挨拶運動は、いまやどこの現場でもごく当たり前のように行なわれておりますが、一体いつから、どこで誰が言い出したのか素朴な疑問が湧いたので調べてみました。

やはり、住友金属工業さんでした。昭和26年に製鋼所製鋼課の方がドイツに出張された際に鉱山を見学していたところ、行き交う坑夫の人たちが何やら挨拶らしき言葉（独語：グリュックアウフ）を交わしていたそうです。聞けば鉱山坑内に出入りするとき、ひと仕事終わって上がってきた人たちには、「ご無事で何より！」これから坑内に降りて行く人たちには、「ご無事で！　幸運を祈る！」というように、お互いの無事を祈念する掛け言葉（挨拶）ということだったらしいのです。

そこで、帰国後上司に報告して、従業員への安全啓蒙対策として、「ご安全に！」を挨拶言葉とするよう提言したところ、すぐに、採用されて全事業所に展開・実践してきたそうです。そして、これが功をなして、安全意識も高まってきたことから次第に鉄鋼業界全体に浸透してゆき、やがては建設業や製造業はじめ、日本全国へと拡がっていったのでした。

「やはり、住友さん、……」と書いたのには、わけがあります。日本の安全運動黎明期（大正初期）に活躍された四賢人の一人である、「三村起一さん」を輩出されたのが住友金属工業（現新日鉄住金）の前身「住友伸銅所」です。三村さんは、〝生産には災害がつきもの〟と言われるような苦難の時代に、若いころから率先して安全運動に尽力された方であります。住友金属工業の社長も歴任されておられますが、現在の中央労働災害防止協会（中災防）の初代会長までつとめられた方でもあります。そして、現在、広く汎用されている、「危険予知活動」を最初に始められたのも住友金属工業さんですが、日本の安全運動をつねにリードされていることに敬意を評するばかりです。

この「ご安全に！」は、現場を行き交う作業員同士の挨拶だけではなく、現場における毎朝の朝礼時の訓示、その他で演壇に立つ人が、「ご安全に！」と言えば、参加者全員が当たり前のようにオウム返しで一斉に「ご安全に！」と合唱しますが、じつに気持ちのいいものですね。ご安全に！

# 第2章

## 安全の基本

## 8　助太刀無用（自分の安全は自分で守る）

自分の安全は自分で守る。じつに当たり前のことです。躓《つまず》いたときなど咄嗟《とっさ》の場合には、本能的に手で支えたりして自分の身をかばうものです。ところが、他人に言われないとできないのだろうかと、じつに疑いたくなるような状況を見かけることがよくあります。

駅のホームで、電車到着を待っていると、「危険ですから、白線の内側までお下がりください」、とうるさいほど連呼してきます。これは、しいて言えば、「○番線に電車が入ります・到着します」だけ放送すれば良いのではないでしょうか。案内放送だけして、電車に接触する人がいたとしたら、それは、駅側の責任ではなく（視聴覚障害の人たちを除いて）接触した自分の責任であると思います。とくに、最近は、スマホ片手にうつむきながらホームの端付近を歩いている人をよく見かけますが、この人の事故の場合は完全に自己責任です。

また、バスに乗車していて次のバス停が近づくと「つぎは○○」と放送されます。これは、たとえば、目の不自由な人や考えごとでもしていた人には必要かもしれません。ところが、「お降りの方は危ないですからバスが完全に止まってからお立ちください」と必ず付け加えられます。すると、つぎに降りようとしている人たちは、この放送を合図（？）にぞろぞろと立ち上がって、車内移動を始めるのです。「立つな」と言っているのに、「立て」と聞こえるのか不思議な現象です。

先日、私は２人掛け椅子の通路側に座っていましたが、放送を耳にした窓側の乗客が、「つぎ降りますから」、と私に立ってくれ、と催促したので黙ってうなずきました。ところが、バスはまだ減速していないのに立ち上がって、「そこをどけ！」、と言わんばかりです。しかし、私は間違っていないと思うとイヤな顔されても立ちあがりません。かりに席を譲ったとして、急ブレーキでその人が転倒して怪我した場合は、間違いなくその人の自己責任ですが、私が倒れた場合は誰の責任でしょうか。走行中の車内移動での事故や客同士の紛争発展まで考えると、ほとんどの乗客が聞き流しているこの放送は効果のない〝騒音〟でしかなく不要だと思います。もしくは、バスの運転手がもっと厳しく指導すべきだと思いますが、私の考えは間違っているでしょうか？

いずれにしろ、うるさい過剰サービス放送は、やめる方がよいと思います。こんなやり方が通常化すると、すべて、他人に言われないと動けない人ばかりになるのではないかと余計な心配をしてしまいます。

「安全帯をやれ！」とか、「暗くなってきたから明かりを点けろ」など、わかり切ったことを他人に言われないとできないというのも不思議でなりません。

自分の安全は自分で守る。この常識の範疇《はんちゅう》まで、他人に言われてはなりません。自分の安全確保は常に能動的でなくてはならないのです。ご安全に！

## 9　凡事徹底（当たり前のことを当たり前に行なう）

決められたことをきちんと守って行動していれば、つまり、当たり前のことを当たり前にやっておれば、事故・災害に遭遇することは、極めてまれです。想定外の事故・災害というのは、もちろんありますが、想定できる範囲内のことは自分自身が当たり前に判断して、自分で注意して行動することで事故・災害を防止できるということです。

まず、決められた時間までに毎日遅れないように職場（現場）に到着する。これが当たり前のスタート地点です。そこで、誰かに出会ったら、先輩・後輩に係わらず自分から挨拶することを心掛けます。これがチーム員としての絆を深める一つのツールです。

作業現場の場合は、「安全施工サイクル」というものがあって、多くの現場では、8時から作業員全員のラジオ体操、朝礼と入っていきます。そして、原則10時で小休止、12時から1時間の昼食休憩、15時にも小休止が設けてありますが、これらの貴重な休憩時間は、きっちりと身体を休めて気分転換することが大事です。

そして、仕事をやるときは、節目ごとに自分の安全確保を確実に確認しながら安全作業につとめます。それには、決められたこと（指示・指導される安全規則であり、新規入場時教育で教わる元請や客先のルール）をしっかりと身に付けてルールを思い出しながら、安全行動します。しかしながら、この「ルールを守るという当たり前のこと」を守って行動していなかったばかりに、事故・災害におちいってしまいます。なぜ、守られないで事故ってしまうのか。

それは、幾通りかありますが、ルールがよく頭に入っていないこともあるでしょう。新規入場者教育等で教わったはずのことでも、よく聞いていなかった場合に生じます。また、ルールは知っている。そして、いつもは守って行動しているとしても、そのときに限って守らなかった。当たり前にやらなかったということがあるかもしれません。しかし、その一瞬のことを災害の悪魔は決して見逃してはくれないのです。運が良ければ、そのときに限って見逃しセーフということもないこともないでしょうが、それは〝たまたま〟ということであって、〝たまたま〟を〝あて〟にすることは全くできません。当然のことながら悪い結果が見えているだけです。

この「当たり前のことを無意識に当たり前に行なえる人が、プロ」ということになります。経営の神様といわれた松下幸之助は、取引先を訪問した際に、経営がうまくいっているか問題ないかを判断するのに帳簿等を見せてもらわなくても分かったそうです。それは、①従業員の挨拶、②事務所内の整理整頓、③トイレの掃除具合を見せてもらっただけで、何の説明を受けなくても経営状態がつかめたといわれます。当たり前のことができる凡事徹底を図ることが基本というわけです。

◇◇◇◇◇◇◇◇◇◇◇◇◇◇◇◇◇◇◇◇◇◇◇◇◇◇◇◇◇◇◇◇◇◇◇◇

## 10 一日の計は朝にあり

「一年の計は元旦にあり」。これは、「何事においても、一年の計画は一月一日に、ちゃんと整えよう、行き当たりばったりでは、すべてうまくいかなくなるよ!」という戒めであります。みなさん方は、それぞれに何らかの今年の目標、あるいは、計画を立てたことと思います。たとえば、今年こそ念願の資格を取得するとか、新車を買うとか、海外旅行しよう、あるいは、結婚しようとか、マイホームを持とう等々、夢は大きく持ちたいものです。

そこで、同じように「一日の計は朝《あした》にあり」です。安全作業を無事遂行するにあたっては、「今日も事故・災害を起こさない！　事故・災害に遭わない！」という自分なりの今日一日の安全を心に誓って、すなわち、強い信念を持って、今日一日を安全に行動するということであります。

相撲の世界では、場所前の力士が目標のインタビューを受けると、まず、「勝ち越しです」と控えめに応じます。勝ち越しが決まると「二けた勝利」と目標は上がっていきます。しかし、力士によっては、「今日一番に全力を尽くす」とか、「今日勝って明日につなげたい」と応ずる人もいます。とにかく、「今日一日、力を出し切って頑張る」、「今日を確実に勝利する」等々、これらは建設工事現場にも十分に相通ずる考え方です。「自分は、今日も事故・災害を絶対起こさないぞ、遭わないぞ」と念じながら自分としてチームとして、やるべきことを「きちんとやる」ということです。

そして、また、いまや事故・災害を起こして痛いめに遭うのは、被災者となる自分とその家族だけではありません。事故災害を頻繁に起こしたり、ひとたび重大災害を起こすようなことがあれば、自分が勤める会社には仕事がこなくなり、あげくのはてには倒産する事態にもなりかねません。となると、自分だけではなく、共同作業で日々助け合っている仲間たちとその家族にも大変な迷惑をかけてしまう、ということになってくるわけです。

お互いが、このことをしっかりと自覚しなければなりません。

そういう事態にならないためにも、毎朝起きたとき、出掛けるとき、現場での朝礼時等々、「今日も、また、自分は絶対に、事故災害を起こさない・遭わない」という強い信念を持って自分自身の今日の計をしっかりと立てて、確実な安全行動・実践に徹してもらいたいと願うものであります。一年の計は元旦にあり、一日の計は朝にありです。ご安全に！

◇◇◇◇◇◇◇◇◇◇◇◇◇◇◇◇◇◇◇◇◇◇◇◇◇◇◇◇

## 11　負けに不思議な負けなし（マーフィーの法則）

「失敗する可能性があることを、これまで失敗したことがないからと、改善しないで、ずっとやっていると、いつか必ず失敗する」という話です。

１９４９年（昭和24年）、航空機開発の拠点として知られるアメリカエドワーズ空軍基地で起きたテスト飛行機のトラブル原因調査をしていたところ、空軍研究所から調査にきていたマーフィー大尉が機器の配線ミスを発見しました。「こんな接続をしていて、これまで事故にならなかったのが不思議だ。これは、起きるべくして起きた事故だ」と発表したところ、研究所の上司が「これから、これをマーフィーの法則と呼ぼう」と言われたことが始まりのようです。

事故・災害というのは、一般的に人と物との接触によって起きるものです。不安全状態を放置してあったとしても、人がそこに近づかなければ（接触しなければ）事故・災害は生じません。しかしながら、その不安全状態の場所に人が近づかないという保障はありません。したがって、事故・災害が生じないようにするには、人が近づかないようにする。万一、人が近づくようなことがあっても、触れないように・落ちないように安全対策を確実に施しておく。すなわち、万が一にも悪い結果が生じないように悪い原因（失敗する可能性）を除去しておくことです。そして、必要により継続監視が求められることもあるでしょう。

決められたことを守って行動しないことが多いのに、今まで、事故に遭ったことがないとしても、それは、「たまたま」ということであって「たまたま」がいつまでも続くものではありません。人の行動にしても、状態（作業環境）にしても、失敗する可能性があることを何の手立てもなく放置しておけば、いつか必ず誰かが、事故・災害に遭遇してしまうということです。

その一つの兆候がヒヤリハットです。ヒヤリハットというのは、運よく事故・災害にならなかっただけであって、そこに至る経過は事故・災害と同じです。そして、ヒヤリハットの体験をしたのに改善しないで（すなわち、失敗する可能性を除去しないままで）いると、今度はハットだけでは済まない「命取り」になるかもしれないということになります。これが、マーフィーの法則です。これより先、日本の江戸時代、肥前平戸藩主：松浦静山《まつらせいざん》（1760〜1841）が記した剣術書『剣談』の中では、「勝ちに不思議な勝ちあり、負けに不思議な負けなし」、すなわち、予期せぬ失敗が発生したとき、その原因を虚心に反省してみると、失敗には必ず失敗の原因が見つかるものであると記述しているようです。マーフィーの先を行っているわけですが、この先人たちの、素晴らしい〝発見〟教訓を決して、無駄にしてはならないと思います。松浦静山については機会がありましたら、またお話しましょう。

◇◇◇◇◇◇◇◇◇◇◇◇◇◇◇◇◇◇◇◇◇◇

## 12　運を待つは死を待つに等し

失敗する可能性のあることをいつまでもやっていれば、いつか必ず失敗する、という

「マーフィーの法則」の話をしました。そのことは聞いたはず、わかっていたはずなのに、また、やってしまったという経験はありませんか。決められたことを守ってはいないが、今まで事故に遭ったことがないとか、これくらい平気だよ、と思う人・言う人は、すぐ後ろに事故・災害が迫っている（スタンバイしている）ということを覚悟しておいてください。つぎの被災者は必ず貴方ということになります。

　これまで事故・災害に遭遇していないのは、〝たまたま〟ということであって〝たまたま〟はいつまでも続くものではありません。〝たまたま〟というのは、有効（保証）期限が切れているのです。放っておけば、いつか必ず間違いなく事故・災害の締切日（事故の日）はやってきます。それは、ある日、突然くるかもしれない、それは明日かもしれないし、今日の午後かもしれません。先年の流行語の一つにもなった〝今でしょ！〟ということになるかもしれません。

　しかしながら、未然に防ぐことも可能です。その兆候が「ヒヤリ・ハット」です。ヒヤリ・ハットというのは、運よく事故にならなかっただけであって、そこに至るまでの経過は事故・災害と同じです。そして、ヒヤリ・ハットで止めておけばいいものを、懲《こ》りずにまたいい加減にやっているうちに、……、ついには、「でかい事故」を起こしてしまう、ということにつながっていくのです。これが、悪運の連鎖ということです。

運は努力によってのみ開ける、とも言います。したがって、やるべきことをきちんと守って行動するということ。これくらい大丈夫だろうと、根拠のない勝手な判断で行動しないということとです。判断を要する場面に遭遇すれば、大丈夫「だろう」ではなくて、落ちるかもしれない、接触するかもしれない、怪我するかもしれないという「かもしれない」の考え方に、冷静に頭を切り替えることとです。そうすることによって、事故運は、次第に遠去かっていくものです。これまでの運のよさばかりを「あて」にしないで、やるべきことを、しっかりやって、確認して安全を確保しましょう。ご安全に！

◇◇◇◇◇◇◇◇◇◇◇◇◇◇◇◇◇◇◇◇◇◇◇◇◇◇◇◇◇◇

## 13　安全に　あってはならない　まあいいか

やるべきことをやっていないとか、やってはいけないことをやっている場合、それが、たとえちょっとの間であっても災害の悪魔（?）は、決して見逃しません。少しの間も待ってはくれないので、自分自身で注意し、改善する必要があるということとです。

安全帯は、作業現場では、ほとんどの人が腰にしっかりと着用装備しております。ところが、安全帯を使用すべきところで使用していないということをときどき見かけました。すぐ終わる作業だから、ちょっとだからと安全帯のフックを掛けていないとか、セフティーブロックは取り付けてあるが面倒だから使っていないとか。

あるいは、また、高さ深さが１・５ｍ以上あるのに「これくらいなくても（省いても）いいか」と昇降設備を設置していないとか、手元が暗い場所で、あるいは、暗くなってきたのに、これも「すぐ終わるから、ま、いいか」と言って明かりもとらないで作業に熱中しているとか、勝手な手抜き行為となっています。

やってはいけないことをやっている例としては、高所作業車を無資格者が運転・操作しているとか、用途外使用しているとか、手摺りに乗って作業しているとか。あるいは、また、仮設足場で昇降口でないところを近道行為して昇降しているとか、設計図面や小物器材を手に持って梯子や脚立を昇降するとか、これまた数えたらキリがありません。

こういった不安全行為・行動は、作業員の気持ちとしては、ちょっとで済むからとか、この程度の作業で、今まで落ちたことがないから大丈夫だ、と勝手な判断をして「つい」やってしまうのでしょう。あるいは、また、誰も見てないからとやってしまう人もいるかもしれません。

誰のための安全確保でしょうか？　無意識でやる人は、教育・訓練をすれば何とかなると思いますが、いつも意識的にやっている「確信犯」や「常連」、「誰も見てなければやる」というような人たちは救いようがなく、いつか、必ず〝地獄行き〟ということを覚悟してもらわなければなりません。災害の悪魔は、ほんの一瞬のミスであっても決して見逃すことはありません。厳しく制裁を加えます。ちょっとだからと言っても決して待ってはくれません。そして、災害の悪魔は妥協ということを知りません、言い訳も聞いてはくれません。

つまり、災害の悪魔は、「まあいいか」ということを知らないから、自分勝手に「まあいいか」と思って行動していると危険がいっぱい、落ちるところまで落ちてしまうということになるわけです。まさに「安全に　あってはならない　まあいいか」です。

◇◇◇◇◇◇◇◇◇◇◇◇◇◇◇◇◇◇◇◇◇◇◇◇◇

## 14　危ないことは怪我のうち

〈自分自身の安全確保〉

人間の心の中には「よい自分」と「悪い自分」がつねに同居しているようです。平常の行動は、きちんとルールを守る「よい自分」ですが、あせったり、急いだり、慌てたりすると、あるいは、熱中したりしていると、先ほどまでのいつもの自分が、いつの間にか居なくなっており、別の自分となっているのです。ときには〝手抜き〟するなどの「悪い自分」が頭を出しているのです。手抜き行為（危ないこと）は、繰り返しやっているうちに災害となる確率が高くなってきているのですが、そのことに気がついていないので始末が悪いですね。

したがって、決められたことは、継続してきちんと守ることです。「これくらい、いいか」とか「まあいいか」とか中途半端な判断（危ないこと）をしないことです。しっかりと確認して、きっちりと判断して行動することが肝要ということになります。

〈チームとしての安全確保〉

一人ひとりの安全確保が、チームの安全確保につながります。自分の安全を確保したら、仲間（家族同様）の安全確保にもお互いに気を配ることが大事です（お互いに、それくらいの余裕を持って作業しましょう）。「自分の安全は自分で守る」大原則に変わりありませんが、自分で気付かない（危ないこと）も多々ありますから、お互いに補い合う（注意し合う）ことが必要となります。

また、注意されたら、（先輩・後輩に関係なく）素直に受け入れて是正しましょう。これがチームワークです。「昨日まで安全だったから今日も安全」、とは誰も言えません。事故・災害の芽（危ないこと）は、あなたの周りに、つねに存在します。日頃から、たまたま助かっていることを自覚して、やるべきことを確実にやって、事故・災害に遭遇しないよう努めましょう。安全対策は、やれば必ず効果があります。やるだけのことは必ずあります。やらなければ災害の確立がまた、高くなるだけです。

また、自分は事故・災害に絶対遭わない・起こさないという「強い信念」を持つことです。そして、基本動作を確実に守り、その信念の元に安全行動をすることです。危ないことは、怪我のうちです。怪我することが分かっているようなことまでするな、ということです。

一例をあげますと、仮に、ベルトコンベアー、送風機等の回転物（本体、あるいは、周囲）の異常音を察知した場合は、電源を切らないで点検すると極めて危なく、すでに、怪我の圏内に入っているといえます。まさかと思うような事故が現実に起きているのです。同類ことわざに「君子危うきに近寄らず」というのもあります。

◇◇◇◇◇◇◇◇◇◇◇◇◇◇◇◇◇◇◇◇◇◇◇◇◇◇◇◇◇

## 15　雌牛《メス》に腹突かれる（大丈夫理論）

その昔、ヒヤリ・ハット体験事例の募集活動を何回か実施しました。自分の体験事例を発表してもらうだけでなく、その応募用紙には、自分が体験した「ヒヤリ・ハットした原因は何だったと思いますか」と考えられる要因項目をあらかじめ列記してアンケートを取っていたところ、「大丈夫だと思った」、「安易に考えていた」という心身機能の弱点の露出したものが、約４割もありました。

「大丈夫だと思った」。これは、何を根拠にそう言えるのだと問いたいですが、何の根拠もないのです。比較的に永年の経験を積んだベテラン技術者ほど、「経験と勘」から、この程度は問題ない、これくらい大丈夫と思い込んで長年〝渡り歩いて〟きたのです。そして、この調子で過ごしてきて「昨日まで安全だった。一度も事故ってない。今日も安全だろう」という〝変な自信〟、つまり、これは、〝過信〟に過ぎないのですが、この変な自信が「大丈夫だろう」という過信へと堕ちていき、この判断ミスから油断して不注意となって、当然のことながら、待っている「事故・災害」へと転落していくのです。これは、間違った「大丈夫理論」であって、甘く見て「雌牛《メス》に腹を突かれる」ようなものです。決して油断できないということです。

定められた作業手順に則《のっと》って、具体的な安全対策を実施して（つまり、やるべきことを確実にやって）、周りに目配り・気配りしながら気を引き締めて作業する。これで「大丈夫」と言えるでしょう。しかし、まだ見落としがあるかもしれません。この「かもしれない」という考え方（心の余裕）をつねに頭に叩き込んで、油断しないでことにあたれば、冷静な判断ができます。鬼に金棒となって言うことありません。

根拠のない大丈夫の中で、言い忘れるところでした。それは「無知」による大丈夫です。仕事のやり方も安全ルールもよく教えないまま、知らないまま現場に入らせて、最初は「手元」として軽い作業を手伝わせていたのが、いつの間にか「何をボーっとしてるんだ、早くこっちへきて手伝え！」という具合で、何となく先輩たちの言うとおりに補助的に作業しているうちに、「これは、どうしたらいいのか？」、「どうやって持上げるのか？」等と迷うことがあっても忙しく作業している先輩たちに聞きそびれて、それこそ自分なりに「こうやれば大丈夫だろう」と決め込んで、つかみ方を間違って器材を地上へ落としてしまう。というような知識・技能不足による「大丈夫だろう」という判断ミスです。現場（責任者）としては、知らなかったでは済されないことです。

このように、経験と勘という「自己流」、無知による「自己流」などから安易に考えて行動しないで、理にかなったルールと安全で効率的に標準化された手順表にしたがって作業を進めることこそ、「大丈夫」と言えるのです。これで大丈夫です。ご安全に！

## 16　楽あれば苦あり

早く仕事を終えて楽になりたい。目的地に最小のエネルギーで早く着きたい。早く着いたからといって別に特段やることもないけど、とにかく近道したい、遠回りはいやだ。どちらかというと、私もせっかちの方ですから、この気持がわからないわけではありませんが、近道行為・省略行為というのは、正に〝危ないことは怪我のうち〟のようなものですから、かなりの注意が必要です。近道行為というのは、正式な通路、あるいは、昇降設備があるにも関わらず、ワープするというか、いわゆる「道」でないところを通ろうとするものです。

たとえば、枠組み足場に階段は設置してあるけど、ちょっと遠回りとなるので近くの筋かい部を伝い降りてしまうとか、野積みしてある管材等を乗り越えようとか、幅80㎝くらいの溝や堀山《ほりやま》なら何度も跳び越えており、落ちたことがないので今回も無意識のうちに跳んで近道するとか。

ある現場で近道行為がありました。仮設足場への昇降口は、周囲の既設設備の状況から梯子を設置するスペースの確保に苦労したようですが、何とか設置したとはいえ、梯子から足場床上への乗り移る付近に既設鋼材が横断しており、スムースな昇降が出来ない状態でした。そこへ一人の作業員が早速、足場床上から筋交い部を伝い降りしてしまったのです。よくある墜落事故の再現になるところでしたが　降りきろうとする寸前に運よく？現行犯でパトロール者に見つかったのでした。見つからなければ味をしめて、間違いなく落ちるまでやったことでしょう。

省略行為というのは保護具でいうなら、暑いからヘルメットのあご紐をきちんと締めないとか、面倒だから、あるいは、じゃまだから安全帯を使わないとか、防塵めがねを使わないとか、ちょっとだから、すぐ終わるから使わないとか、脚立を取りに行くのが面倒だから手近にある空き箱を足場台にするとか、〝あってはならない〟光景が想像されます。これらは、今まで、自分が事故・災害に遭っていないために不安全行動と分かっていながら、「これくらい大丈夫だ」、「今度も大丈夫だろう」と勝手な判断で事故・災害に遭うまで、あるいは見つかるまでやっているわけです。

誰だって少しはラクしたいものですが、安全上は簡単にラクできるものではありません。

ラクしようとして、「しまった！」では遅すぎます。ラクしたおかげでケガしたでは元も子もないし、後悔しなくて済むように〝やるべきことを、きちんとやる〟ことで毎日の安全を確保してもらいたいと願うものです。ラクばかりしていて、苦のないことは絶対にありません。「楽あれば苦あり」です。

◇◇◇◇◇◇◇◇◇◇◇◇◇◇◇◇◇◇◇◇◇◇◇◇◇◇◇◇◇◇◇◇◇◇

## 17　転ばぬ先の杖（事故・災害を起こして安全を学ぶな）

事故・労災等を起こした場合は、現場の作業中止はもちろんですが、再発防止ということであらゆる角度から原因究明・分析・討議を重ねて対策を立てることになります。真の原因は何だったのか、その背景には何があったのか。じっくりと掘り下げてみないと真実は見えてきません。そして、真の原因をつかまないと本当の再発防止対策が確立できたとは言えないでしょう。

ところが、この原因究明・対策は〝一筋縄〟ではいきません。万一、被災者が亡くなってしまったらなおさらのことです。自分たちは、これでよし、完成したと思っても客先によっては究明不足ということで、何度も何度も検討しなおしを行なって、徹夜してでも完成しないことも〝ざら〟にあります。

建設工事に限りませんが、労働災害を起こしてしまったときの、この後処理にかかる諸々の苦しみと時間の経過というのは、体験者でなければわからないかもしれません。しかし、わからない方が幸せです。起こしてしまってから（あるいは、犠牲者を出してしまってから）勉強することになっては、何にもならないのですから。どんなに立派な対策書ができても亡くなった人はもどってきませんが、同種災害の再発防止対策は何としても作りたいものです。また、一度大きな事故・災害を起こすと、対策の一環として新しいルールが追加されたり、書類による事前許可制度ができたりと、毎日の作業がだんだんとやりにくくなってくることも事実でしょう。

そうではなくて、新しく乗り込んだ時点から監督者はもちろん、作業員一人ひとりがルールを守って行動しておれば、事故や労働災害発生の可能性は次第に遠のいていきますし、一人ひとりが決められたことを日々きちんと守って行動しておれば、毎日が平穏無事であり、こんな面倒くさいことにはならないで済むことでした。〝災害に学ぶ〟という言葉もありますが、それでは遅いだけでなく明らかに間違いであります。事故・災害を起こす前に、「安全のＡＢＣ」でなければならないのです。当たり前のことを、ボーっとしないで、ちゃんと（しっかり）やるという、これだけのことを一人ひとりが〝きちんと〟やれば、普段から確実に行なっておれば、災害は必ず減っていく、遠ざかっていくのです。

つまり、「事故・災害を起こしてから安全を学ぶな！　起こす前に学べ！」ということです。まさに〝転ばぬ先の杖〟ですね。ご安全に！

◇◇◇◇◇◇◇◇◇◇◇◇◇◇◇◇◇◇◇◇◇◇◇◇◇◇◇◇◇◇◇◇◇◇◇◇◇◇

## 18　人生の半分は整理整頓（５Ｓ活動の実践）

５Ｓ活動というのは、自分の家や勤め先で、身の回りにある「不要な物を処分して、必要な物には内容を表示して、いつでも取り出せるように整えて、この状態を随時点検しながら維持することを習慣化すること」であります。

### (1)「整理」

まず「整理」です。整理とはいる物と、いらない物とに区分けして、いらない物は、捨てる（処分する）ことです。これは、個人的には日常的に「そのつど行なうくせ」をつけることが肝心です。そして、職場的には、たとえば、毎月、末日とか日を決めて、一斉に整理することが職場の風土醸成にも効果が出ると思います。

**(2)「整頓」**

「整頓」です。整理された「いる物」を皆が使いやすい場所に、取り出しやすく(使いやすく)、整然と(できれば、品目名を表示して)配置する。

使った人は元の場所に確実にもどす。

**(3)「清掃」**

「清掃」です。身の回りや職場・トイレ等をつねにきれいに清掃することです。

とくに、工事現場の休憩所の長テーブルは、雑巾がけしてから弁当にしましょう。

**(4)「清潔」**

つぎに「清潔」です。整理・整頓・清掃を定期的に回すことで安全な生活・職場環境を維持することができます。

**(5)「躾《しつけ》」**

最後が「躾《しつけ》」です。清潔・清掃・整理・整頓を継続的に維持していく意識づけと習慣化、これが躾です。このためには、たとえば、「5S状況チェック表」を作成して、勤め先の場合は、一週間ごとの当番を全員交代制で決めて、終業時等にチェック表にもとづいて職場を巡回し、結果を上司に報告して問題点があれば改善されていきます。何よりも当番を一週間担《にな》うことによって、各人の５Ｓ意識改革が大いに期待されます。ごみ・塵等の自ら放置しっ放しは、なくってくるでしょうし、安全作業のベースとなります。

日課となっているウォーキングの途中で木建工事の現場がありました。「工事現場」を見つけると、よそ様の現場でも立ち止まって（職業くせ？）眺めたくなるものです。幌付きの作業車が目に留まったので近づいてみると、幌の内側には備え付けたベニヤ板の壁に、たくさんのいろんな工具類が整然と配置してあり、工具類の名札も貼ってありました。

監督さんらしい人を見つけたので作業車を指しながら思わず声をかけてしまいました。「整理してあって、なかなか気持ちよいですね」と。すると、「安全作業の基本ですから」と笑って応えたので、「いい仕事をしてますねえ」としばし談笑して、「ご安全に！」と言って気持ちよく別れたのでした。

「破れ窓理論」というのがあります。１枚の割れたガラスを放置していると、割られる窓ガラスは、さらに増え、ごみは捨てられて、次第に町や地域は荒廃していくばかりというものですが、１９９４年、ルドルフ・ジュリアーニ氏がアメリカの犯罪多発都市（当時）のＮＹ市長に当選すると治安回復公約実現のために、犯罪学者であったジョージ・ケリング氏を顧問に迎えてケリング氏が提唱していた「破れ窓理論」を実践して治安対策で大いに効果を治めたということです。

連日、行列ができる来場者で賑うディズニーランド。園内にゴミ一つ落ちていないということは、徹底した従業員（キャスト）教育の賜であり、この美しい環境を維持していることが、来場者を無言で教育しているのではないかと思われます。極めて好事例の現場です。

また、ドイツの諺には「人生の半分は整理整頓」というのもあるようです。

# 第3章

## 各立場での責務

## 19　智《ち》は禍《わざわい》を免《まぬが》るるを貴《たっと》ぶ

20世紀の初めごろ、アメリカの産業界では、「生産に災害発生は付き物」と考えられ、労働者が消耗品のように扱われていた時代のことです。当時、世界第一位の製鋼会社であったアメリカUSスチール社のゲーリー社長は、相次ぐ災害発生状況から「同じ神の子である人たちが、こんな悲惨な目に遭っているのは見るに忍び難い」と考えました。そして、1906年、「従業員を公平かつ人間的に扱うこと」と宣言し、会社の経営方針を従来の「生産第一」から「安全第一」に切替えようと、「セフティーファースト」として発案し、積極的に実践したことから災害は激減し、生産も向上するなど多大な成果を上げました。この実績と思想が全米に拡がり、やがて全世界にまで拡がっていったのでした。

そして、この考え方を日本でいち早く採り入れた人と言えば、1912(大正元)年、当時、古河合名会社（現在の古河機械金属株式会社）の足尾鉱業所（旧足尾銅山）所長であった小田川全之《おだがわまさゆき》氏です。氏は所長になる前に、欧米を数回視察しておりますが、この中でアメリカ視察時にゲーリーの安全第一運動と成果を自分の目や耳で見聞して感銘し、帰国して所長になると、早速セフティーファーストを「安全専一」と和訳して、標識をたくさん作らせて足尾銅山の坑口や坑内、各工場棟に掲示して安全専一を呼び掛けたのです。

当時の日本産業界も、災害続発の時代で、労災は「工業固有の危険」という表現であり、仕事をやる上で「当然の副産物、やむを得ない事実」、「災害に遭う従業員は不運」とさえ考えられていた時代のようです。

そこで、小田川全之は、このままではいけない、ゲーリーにならって、当社の考え方も180度変えようと従業員の意識改革に乗り出したのです。そして、大正4年足尾鉱業所の社内報に、安全啓蒙付録として「安全専一」という小冊子を発行しましたが、これについて若干紹介します。

はしがきでは、「仕事中に負傷したり、不具になったり、甚だしきは命まで失ったりすることは俗に言う犬死である」とか「武士は家の敷居を跨いで外へ出ると7人の敵が居ると申しましたが、これに習って負傷の敵をあげるなら、地震・雷・火事・親父の4つに風・水・自分を加えたもの」として、それぞれについて説明しております。

「地震」では、坑内の落盤とか土砂の崩落、「雷」は、感電、火事は、製錬ほか火を扱う個所での火事、「風」は、坑内の通風加減から起こる負傷（今でいう酸欠）、「水」は、坑道等での湧水、「親父」は、じっさいの父に限らず自分の目上の人、監督者のいましめをよく守らなかったために起こる負傷、「自分」は、俗にいう身から出た錆で、自分の不注意や不心得から起こる負傷であって、これが一番恐ろしく多い。

また、自分を除いた6つの負傷は、自分がいくら注意しても自然と起きることが考えられるが、自分から起こる負傷は、誰の罪でもない、自分の過失だから、最もつつしまなければならないと、説いております。「自分の安全は、自分で守るのが基本」であると言っているわけです。そして、また、自分の安全を確保したら周りの仲間の行動にも気を配るよう呼びかけております。ここまで言うかと感じ入りましたが、この時代としては、全く考えられないような、すばらしいトップの姿勢と実践であり、この段階では、「社内限り」ではありますが、わが国初の民間企業による産業安全活動の草分けでした。

話は変わりますが、世界一の安全飛行を続けているオーストラリアのカンタス航空では、社長はじめ、従業員全員がつねに「いつ事故が起きても不思議ではないという危機意識を持っている」そうで、「安全が高くつくと思うなら、事故を起こしてごらん」という会社の哲学のもと、「安全に関する予算は優先的に支出される」ということです。結果して整備の信頼性は、米国NASAが折り紙をつけるほどとか（この項、黒田勲氏著述より）。

このように、企業の経営トップが「安全最優先」を理解されて、しっかりした方針を確立して率先して動くことで、従業員は、その指示にしたがってその通りに行動するし、災害撲滅だけではなく、明るく楽しい職場となること間違いありません。「智は禍を免るるを貴ぶ」（三国志）。という言葉があります。智（注釈著者：賢いリーダー）は、禍を免れることに重きをおくということ、すなわち、人を大事にして災いを未然に防ぐ安全最優先を志向するというわけです。

◇◇◇◇◇◇◇◇◇◇◇◇◇◇◇◇◇◇◇◇◇◇◇◇◇◇◇◇◇◇◇◇

## 20　木を見て森を見ず（コストダウンの限度）

企業存続のためには、利益を上げることが必須の目標であることは理解できます。そのためには、計画的な徹底した「原価管理」が必要でしょう。仕事を取る、効率的に遂行する、追加注文を取る、そして、経費を節減するなどです。ムダを省く手法は、「労務管理」、「材料管理」、「経費（損料？）管理」を細部にわたってのコスト見直しかもしれません。

しかしながら、「全社一丸となってコストダウンを追求しているときに、安全管理費用だけを別格扱いにはできない。同じレベルでカットしてもらいたい」という考えがあるとすれば、これは、大きな間違い。どう見ても安全無視の経営だと私は思います。安全対策費まで削減しなければならないような事態であれば、会社として受注する資格なしということです。たとえ、どんな事情があろうとも、コストダウン志向が行き過ぎて、安全管理面にまで及んでは絶対になりません。「安全管理に費やすコストがもったいない」ということで、企業利益ばかり優先していると、万一の災害発生時には、それをはるかに上回るコストが発生することになるのです。工事の一時中止と、これに伴う損失や損害賠償等だけではありません。企業としての社会的な「信用失墜」という大きなリスクを負うことになります。こうなってしまうと新たな仕事の受注が難しくなり、従業員への給与遅配に陥《おちい》るかもしれず、ひいては倒産の憂きめに陥っていくことも十分に考えられることでしょう。したがって、安全確保が危ぶまれるような状況を作って、すなわち、安全を度外視してまでコストダウンに傾注する必要は全くないのです。

安全確保は、必要最低限のコストです。どんな時代であっても、どんな時代になっても行き過ぎた採算重視があってはなりません。人命に直結する「安全」が無視され、忘れ去られ、あるいは、後順位となってはならないのです。経営は、言葉どおり「安全第一」で実践しなければなりません。〝木を見て森を見ず〟という諺がありますが、経営の根幹は何か？　それは当然のことながら「人」です。経営者（事業者）は、一人ひとりの「人の命」を大事にして決して「道」を誤らないよう願いたいものです。〝鹿を追う者は山を見ず〟というのもあります。

◇◇◇◇◇◇◇◇◇◇◇◇◇◇◇◇◇◇◇◇◇◇◇◇◇◇◇◇◇◇◇

## 21 親が死んでも食休み（作業員休憩所に関する疑問）

工事現場にあっては、作業前の待機場所として、あるいは、ＴＢＭ等のミーティングの場所として、そして、一日の唯一（？）の楽しみであるお昼の弁当を食べる場所、昼寝や休憩をする場所として、「なくてはならない」のが作業員の休憩所です。一般的には、施主、あるいは、元請け等からあらかじめ休憩の場所を配慮される場合が多いと思います。

しかしながら、ときおり、何の配慮もされていない現場がありますので、そんなときには、下請け会社として、自主的にコンテナボックス等を置かせてもらいたいと提言しますが、設置場所がないため（実際にはあるが）許可できない、と却下されたりします。

休憩や弁当を食べる場所は、通勤で使っている自分たちの車にしてくれと言われたことがありました。車中の狭い空間で休憩できるわけがありません。しかも、車中ではタバコを吸ってはならない、吸う場合は、ＪＶ休憩施設の喫煙コーナーで吸うことと指示されたりします。ＪＶ休憩所があるなら、その一角の席を少しだけ借りることができるではないかと提起しても、力がなくてそれも言えないような状態でした。

ある暑い夏、着工したばかりの現場に安全パトロールに行ったところ、休憩所の設置が間に合わないまま炎天下で作業着手していました。熱中症が大いに危惧されましたが元請けからは、「承知で請けたのだから、しばらく我慢してくれ」と言われたそうです。熱中症対策は、我慢??　万一、熱中症が発生した場合は、我慢させることができなかった雇い主の責任となるのでしょうか?　休憩所を設置できない事情を承知の上で請け負った場合は、下請けの言い分は何も通らないのでしょうか?　休憩場所の設置義務とか必要面積等々法的には決まっていないのでしょうか?　そこで、監督官庁に問い合わせてみました。「常設の事務所等では、事務所規程で定められているが、建設工事等の有期事業場には、休憩施設の義務付はない」ということでした。厳しく言うならば、工事屋の人権は、無視されていると言っても過言ではないように思いました。

労働から生ずる心身の疲労については、できるだけ速やかにその回復を図る必要がある。とはいえ、定員5名の普通車(ライトバン)に5名乗ってきて、休憩も弁当を食べるのも、この狭い箱の中で済ませろとは〝人間扱い〟とは言い難いものです。〝強制労働〟で連れてこられたわけではありませんが、こんな劣悪な環境下でいい仕事ができるわけがありません。それどころか休養不十分とか、心身疲労蓄積のままに、つぎの作業に当たらせるということは、安全軽視となり、明らかに安全配慮義務違反に相当すると言えそうですが、この場合の「違反者」は元請けでしょうか、下請負人でしょうか?

いずれにしろ、監督官庁の法整備が急務であると思います。出先に問題提起すると「我々に言われてもどうにもならない」と軽くいなされますが、誰がどこに言えば改善されるのでしょうか？　悩みはつきません。

◇◇◇◇◇◇◇◇◇◇◇◇◇◇◇◇◇◇◇◇◇◇◇◇◇◇◇◇

## 22　頭が動けば尾も動く（監督者・職長に求められること）

現場監督者と職長の役割は、当然ながら違いはありますが、こと安全衛生管理に関しては、ほとんど同じと言っても過言ではありません。まず、監督者・職長は、作業の目的・内容・手順等をよく理解し、作業現場の環境（不安全・不衛生状況・第三者の動静等）を掌握して、部下の性格、健康状態・能力等を掌握した上で目配り・気配りを十分にできることが望まれます。安全衛生管理上のキーパーソンと言われることもありますが、いわば作業現場におけるあらゆる問題の「鍵」を握る重要な人物ということであって、その責任と期待は大きいといえます。

労働安全衛生法（および、安全衛生規則）では、ほとんどが「事業者」という表現ですが、事業者の責務ばかりを規程してあるわけではありません。監督者・職長は、現場で何か問題（労働安全衛生法違反や労災事故等）があれば、その「実行行為者」としての責任が生じてくることを忘れてはなりません。たとえば、有資格作業を無資格者にやらせてはいけません。当り前のことです。

一例ですが、高所作業車やユニッククレーン等の有資格者が突発的に休んだときなど無資格者とわかっていながら「ちょっとだけだからいいだろう」と操作させる。溶接作業がぎこちないので「資格証」を見せろと言うと「資格はないけど、軽微だから練習を兼ねてやらせている」、これらは、日常の監督者・職長の考え方が「仕事さえ終わればよい」という安全無視・軽視の証明ということになります。

検査員の資格がない者数名に出荷検査を恒常的に、発覚するまでやらせていた大手自動車メーカーが複数ありましたが、どんな作業であっても、「有資格作業」を無資格者に従事させることは、決してあってはならないことです。安全管理の空白化というか、安全管理をしていないということになります。

安全帯や安全ブロックの使用についても、現場の要《かなめ》である監督者・職長が自ら使用しないで、作業員に徹底されるわけがありません。たとえば、急遽短時間で処理しなければならなくなった作業であっても、「安全を度外視してまで急いでやれ」とは誰も言っていないのですが、監督者・職長が高所で腰に装着している安全帯を使うことを忘れて、作業員と一緒に必死（?）になって作業しているとすれば、頭の中は「時間内での作業完遂」でいっぱいとなっている。すなわち、監督者不在状態での作業となっており、「いつ事故が起きてもおかしくない状態」の沸騰点に達しているのを誰も気が付いていないのです。

だから、「率先垂範」です。監督者・職長は、普段から自ら自然体で安全行動しておれば、各作業員は、監督者・職長の後ろ姿を見て、自ずから付いてついてくるものです。したがって、日頃から率先して範を示すことに心掛けて行動してもらいたいと思います。

イエローハットの創業者、鍵山秀三朗さんの著書の中で、「足元のゴミ一つ拾えぬほどの人間に何ができましょうか」というのがありますが、極めて重い言葉だ、と私は思います。

◇◇◇◇◇◇◇◇◇◇◇◇◇◇◇◇◇◇◇◇◇◇◇◇◇◇◇◇◇◇◇

## 23　率先垂範（俺がやらねば誰がやる）

本来、安全は他人《ひと》任せにはできません。自分の安全確保は、他人から言われて（あるいは、指示されて）やるものではありません。しかし、ときには、誰でも〝危ない状態〟を自分で気が付かないでいることもあると思います。このとき、注意を受けた場合には、素直に有難く受けとめて、即是正することとです。

また、安全服装・装備になっていないことを自分で分かっていながらやっていなくて、他人から注意されて、これを「うるせい！」とはねつけるような人がいるとすれば、この人は、どこの現場に行っても勤《つと》まらないでしょう。ところがこの、どこに行っても、勤まらないような若者たちまで束《たば》ねなければならないのが職長であり、束ねることができるのも職長です。職長に課せられた責任は大きいです。職長になれる人は、職長・安全衛生責任者としての法定教育を修了して資格取得した者ですから、その役割と責務については一通り学んでいます。

しかし、これを現場で確実に実践できているかどうか顧《かえ》りみてください。また、現場によっては（あるいは、会社規模によっては）何人かの作業者を雇って事業を起こしている、すなわち「事業者」の方が職長として現場を仕切っていることもあろうかと思います。そうでなくても、現場を任せられた職長には、事業者（社長）から委譲された権限の範囲で社長にかわって〝事業者としての責務〟を果たす義務があることを忘れてはなりません。

そこで、〝俺がやらねば誰がやる〟です。前述のように自分の悪さを注意されても素直に是正できないような作業者であっても、職長が一言注意すれば効果は目に見えています。しかし、その前に、注意する職長自らが日頃から模範的な安全作業をやっておれば、若者たちも自然と職長の行動を見習って行動するものです。

逆に、日頃から、職長自身がルールを守っていなかったり、客先に反抗する態度ばかり見せていると、客先が作業員に対して安全上の注意をしても言うことを聞かないで反抗するのは当然の成り行きとなります。これでは、その下請けさんは、企業として成り立ちません。事故を起こすのが先か、仕事を受注できなくなるのが先か、どちらかであることは確かです。したがって、職長に課せられた責務は大きい。まさに〝俺がやらねば誰がやる〟です。お願いします。

◇◇◇◇◇◇◇◇◇◇◇◇◇◇◇◇◇◇◇◇◇◇◇◇◇◇◇◇◇◇

## 24　猿も木から落ちる

わが家の雨樋が詰まってしまい、素人では手に負えないので、休みの日に屋根屋さんを呼びました。見積もりの現場調査ということで40歳くらいの職人さんが一人でやってきました。狭い庭先に梯子を立て掛け始めたので、「プロの職人さんに言うのは失礼だが」と前置きして、「猿も木から落ちるというので、十分気をつけて頼みます」と余計な（?）

ことを言いました。

そして、離れて遠くから黙って見ていますと、二段式の梯子上端を屋根上から1ｍほど突き出しました。そして、するすると昇るやそのまま屋根上に乗り移るかと思っていたら、ポケットからバインド線を取り出して梯子上部を雨樋の支持金具に留めました。ここで私は、「対策になってないよ」と言ったのですが、「大丈夫です、やらないよりよいでしょう」と言ったのです（間違った対応だったかもしれませんが）。契約前でもあり、これ以上言うこともないかと黙ってしまいました。

木建工事は、墜落・転落災害の多い業種です。転倒・墜落防止対策をやるという気持ちだけあっても、効果を考えない対策では対策とは言えず、安全は確保できません。これでは事故が起きるわけだと思ったものでした。もちろん、この屋根屋さんには仕事は頼みませんでした。

昔話で恐縮ですが、建築面積約２４００坪の工場建設工事で統括安全衛生責任者のお手伝いをしたことがあります。重量鉄骨を組み立てたり、「高さ20ｍほどでの鋼製波板屋根葺き作業は、私にとっては圧巻であり、終始目の離せない作業でしたが、一段落の合間に地上20ｍの鉄骨上まで垂直梯子を昇って行き、「お疲れさん！」とねぎらいの言葉をかけてから作業員２人にインタビューしました。「慣れた作業かもしれないけど、この高さは怖くないか？」とたずねると、年配の作業員と若い作業員ともに口をそろえるように「いや、怖いです」と言い切りました。

過信は油断を呼び、油断は不注意となって、あげくは不注意が事故・災害を招くおそれがありますが、「平気です」とか、「こんなもん高いうちに入らないよ！」ではなく「こわい」という〝返ってきた言葉〟すなわち「過信でなく用心の言葉」を耳にしてに日々の慎重で念入りな安全行動を推測できて安心し、うれしかった覚えがあります。

こちら猿の世界。ボス格の猿は木の枝を渡り歩くときには、枯れ枝や折れそうな危ない枝を選ぶようにして折り捨てながら歩くようです。これは、未熟な子猿たちが無造作に飛び回って誤って落ちるのを防ぐために、すなわち、危険を予知して、いわゆる「不安全状態」を排除している行為だというのをＴＶ番組で見たことがありますが、聞いてびっくり、見てびっくりでした。なるほど、人間世界もこうでありたい。棒心がこのように気を配って行動してくれれば部下たちは安心して作業できるなあと思ったものでした。

猿でも落ちる。落ちないのは、普段から落ちないような対策を講じているからということです。ご安全に！

◇◇◇◇◇◇◇◇◇◇◇◇◇◇◇◇◇◇◇◇◇◇◇◇◇◇◇◇◇◇◇◇

## 25　ムリ・ムラ・ムダをなくす（品質にこだわりを持つ）

やり直しは、時間のムダです。時間のムダ使いが多くて、それを急いで取り返そうとすると焦《あせ》りが生じてきます。焦りは不注意を誘発し、注意力散漫から誤認・錯覚を生じて、あるいは、意識的に手抜きに走り、事故・災害へと転落していくのです。したがって、時間のムダ使いは、安全の敵と見るべきであり、これを作らないようにしなければなりません。そのためには、「品質管理」に拘《こだわ》りを持ちながら作業するということにつながっていきます。

時間のムダは、どこから生じているか、おおよそ、つぎのことが想定されます。

①設計不良（あるいは、設計未了）
②過剰なコストダウン志向
③事前の調整不足
④作業計画・手順の誤り
⑤監督者の指示ミス
⑥純然とした施工ミスなどです。

この中で、作業者自身の（あるいは、自分たちの）作業ミス・不手際などから生じた「やり直し」の場合には、申し訳ないという反省の気持ちが働いて、「しっかりと急いでやり直そう」と作業にのぞみます。この日は残業代が出ないとしても、自分の（あるいは、自分たちの）責任を果たそうとするのが素直な姿でしょう。

ところが、同じ「やり直し」でも、発注者側の設計ミスであるとか、監督者の指示ミスなどからやり直しとなった場合は、素直に受け取ることができないというのが作業員の自然な心の動きではないでしょうか。とくに、難しい局面を、やっと仕上げたばかりのときに監督者から、「悪いけど、……」と言われても気分を害するだけです。とくに、自分としては、「いい仕事をしたなあ」と思っている矢先だったとすれば、なおさらです。

内向的な人でも、内面では憤《いきどお》りが膨《ふく》れあがってきます。このような精神状態で冷静な判断を求めることには、かなり無理があるといえるでしょう。監督者は、この無理を承知で「やり直し」を指示する。ところが、作業員は、いろいろと余計なことを考えて集中できない。いつの間にか災害の芽が持ち上がっていることに誰も気がついていない。そして、不注意な行動や粗雑な行動を誘発して、事故・災害へと進展していくのです。いいことはありません。

すなわち、元を正せば結果として真の原因は、「品質を真剣に考えていなかった」ということであります。最初から、品質にこだわりを持って丁寧に対応しておれば、やり直しが生ずることはありませんでした。このような後戻りを生じないためには、一つひとつの節目ごとの確認を怠《おこた》らず積み上げることです。僭越ですが、品質へのこだわりがなければ、厳格に品質管理を行なっているとは言えないでしょう。そして、この品質に「こだわり」を持って仕事をすることで、自《おの》ずから安全確保のためのレールを敷いているということになります。

安全管理上で、「ムリ・ムラ・ムダをなくす」という言葉もありますが、これらは、じつに、ムラ・ムダが無理を誘発して事故・災害になっていくという例示であります。したがって、品質にこだわりを持つことが、イコール安全確保を不動のものとして、後工程に問題が生じることもなく、作業員も気持ちよく働けるというものではないでしょうか。時計の針は、いくらでも戻せますが、過ぎ行く時間は戻せません。ご安全に！

## 26　見ぬ商いはならぬ

監督者・職長、そして、安全担当等の指導的立場に当たる者が安全指導する場合は、つまり、作業員の安全確保のためには、作業員と同じ目線に立って、事前に周囲の環境・状況を十分に確認・把握しておく必要があります。本日の作業員は、どこで、どんな環境下(労働条件下）で作業するのか、どんな問題があるのか、ないのか等を事前に確認しておく必要があるということです。それでこそ現場に適応した適切な指導・助言を行なうことができるというものです。すなわち、自分自身が品物（現場）を直接見ないで的確な商いをすることはできないのです。これが「見ぬ商いはならぬ」ということです。

そのためには、目の前の作業者を見ているだけではわかりません。仮設足場上の高所隅々から天井裏など地上からでは見えない場所や地下室、各種槽内作業等、作業員が作業している現場最前線まで近づいて行って、実際に自分の目で確認しないと、〝危険要因〟の有無が分かりません。そこまで行って初めて作業員の目線で状況判断ができる。そこまで行って、初めて現場に合った適切な安全指導ができる、というものです。これが「安全は愛（こころ）と言われるわけです。

一方、ルールは必要ですが、何が何でもルールではありません。ルールで縛《しば》られて不安全作業になる場合もあるのです。自分の身の安全を守るためには、安全帯使用でなければならないということは決してないですね。仮設足場上で、しっかりとした足場があって、手摺で囲まれた中で安全作業ができるのに、わざわざ親綱を張り、これを使用させて作業性を落とすことはありません。

また、既設設備等に挟まれて、身体の動きが取れないような狭隘な場所で作業せざるを得ない場合は、身の安全を確保するだけでなく、既設設備への損傷、あるいは、機器等に接触しての誤作動防止のためにも安全帯を外して作業せざるを得ない場合が生じます。内線作業等で天井裏に頭を突っ込んで配線したり、小部屋の天井張り等のビス打ち時などは、安全帽をかぶっては作業しづらい、あるいは、作業できない場合がありますが、この場合の安全帽は綿帽があればいいのです。ルールだからと何がなんでも安全帯、何がなんでもヘルメットということではありません。

また、脚立作業では、天端に立って作業したい場合もあります。この場合は、仲間に脚立下部を支えてもらって、堅実な場所に安全帯フックを掛けて作業すれば安全確保できるわけです。

以上のようなケースの場合、安全ルールにしたがっていないとか、決められたとおりにやっていないなど言ってみたり、客先がうるさいからやれと言うなど非常識なルールで縛るのは理不尽というものです。

監督者等指導的立場の人は、末端の作業員が、どんな場所で、どんな労働環境下で作業するのか、しているのかを自分の眼で事前に掌握し、必要な万全の対策に漏れがないか、確認しておくことが必須であり、これが愛《こころ》というものではないでしょうか。

## 27　過ぎたるは猶及ばざるがごとし

安全管理とは、言うまでもなく「作業員一人ひとりの安全確保」であり、「安全作業環境の整備・維持」であります。ところが、最近は、記録のためとか上層部への報告のためとか、あるいは、ちゃんとやっていますという、形を繕う（残す）だけの、厳しく言わせてもらうなら勤め人として「自分の身の保全のために」、と考えている人はいないだろうかということです。

ＩＳＯ認証やその後の管理のためには、相当の書類整備が必要であり、そのためにも、新しい書類様式がどんどん増えてきたのは事実です。これが要因のすべてとは言いませんが、建設現場の安全管理のために揃《そろ》えなければならない書類が近年増え続けておりますし、多過ぎるのではないかと思います。

そして、書類作成や会議が多くなって、監督者が現場監理に行ける時間は少なくなってきているのではないでしょうか。肝心要《かなめ》の現場を歩く時間が激減してきているということは、極めて憂慮すべきことであると思います。事故・災害が起きてしまってからの再発防止検討会等で、原因が「下請け任せ」とか、対策は「監督者による現場巡回強化」では遅すぎます。

ある雨の日の安全パトロールのことです。屋外の高さ10ｍくらいの高所（ラック上）では監視員を入れて5名の足場作業員が雨に濡れながら仮設足場撤去作業で頑張っていました。聞けば、本日の作業は当初、隣接する建屋内一階での仮設足場撤去を予定していたそうですが、提出されている作業手順書の一部に不備があったので、雨天ではあるが、すでに承認されている屋外高所の作業を指示されたといいます。

何が不備だったのか、詳しく聞きませんでしたが、雨が激しく降り続いている高所の足元も滑りやすくなっている中で、わざわざ不安全作業を行なわせるとは、客先の監督者は一体何を考えているのかと思ったものです。

彼らにとって安全とは、完璧な書類を揃えること、整っていることであって、現場の安全、作業員一人ひとりの安全確保を真剣に考えているとは思えませんでした。書類偏重の間違った安全管理に陥ってはならないし、失礼ながら偽物の安全管理と言わざるを得ないと感じ入ったことを今でも鮮烈に思い出します。また、この理不尽な危険作業指示を言われるままに受けて作業させた作業責任者には、本日の作業中止をお願いしました。元請け（客先）に対しても言うべきことは、はっきりと意思表示しないと作業員の安全確保も危ぶまれてきます。

書類偏重の安全管理の落とし穴には決してはまってはならないのです。ご安全に！

◇◇◇◇◇◇◇◇◇◇◇◇◇◇◇◇◇◇◇◇◇◇◇◇◇◇◇◇◇◇◇◇◇◇◇◇◇◇◇◇

## 28　忠言耳に逆らう（パトロール時の心得）

忠言とは、真心をこめて諫《いさ》めることですが、真心を込めて諫めているつもりでも、聞く側（身）にとっては、耳が痛くなり、素直に受け入れ難いものです。この諺は、良い薬は病に効くが、苦くて飲みにくい（良薬は口に苦し）ように、忠言というものは、なかなか素直に聞きにくいものです。しかし、当座は聞きづらくても、自分（自分たち）の役に立つものである。という意味合いであります。

これは、「忠言は耳に逆らえども行に利あり」という孔子の言葉とされます。

工事現場パトロールを行なうと、どこの現場に行っても、何がしかの不安全状態、不安全行動に遭遇するものです。それは、月1回くらいの店社パトロール等で当該現場にたまに行くから新鮮な目で見ることができて、常駐している人たちが、普段気がついていない何がしかの発見をする。これがパトロールの一種の〝良さ〟であると思います。自分の現役時代の心得ですが、現場に入るときは、まず、作業員の労をねぎらうことに心掛けました。「ご苦労さん！」、「お疲れさあん！」、「ご安全に！」等と労いの言葉、きたよ、という合図（？）を掛けることから始まります。作業員の人たちは、大きな汗を流しながら毎日頑張ってくれている、このことを一時も忘れることはありませんでしたし、作業員とのコミュニケーションがパトロールの目的の一つと心掛けておりました。したがって、現場に入ると、言葉は自然と口から出ていきます。

昔は、声を掛けると上(高所)の方でガチャリという音のすることもありました。これは、「いけない」と気がついたのかあわてて安全帯フックを掛ける音だったかもしれませんが、おかげさまで現在《いま》は、なくなりました。

しかしながら、前述したように、たまに見る現場には改善指摘事項がいくつか目につくものです。いますぐ事故・災害とならなくても、放置しておけば必ず悪い結果が待っているというようなこともある場合があります。このようなとき、改善要望するときには、決して感情的になってはならないのです。改善してもらいたいと思うなら、気持ちよく改善してもらうことです。言い方が悪くて相手を怒らせてしまっては、その場限りの改善となって、自己満足だけの落着となって、パトロール者がいなくなると、また、不安全行動（状態）が再現されること必至だと思います。

また、多くの人たちは、他人から注意されることを好みません。たとえ、自分が間違っていたとしても、それがわかっていたとしても頭から怒鳴《どな》ったり、自分本位で指摘しても、誰も心から話を聞いてくれることはないでしょう。その場限りでない改善をしてもらいたいならば、冷静な指導が必要となります。真心をこめているつもりでも、言い方には気をつけなければならないのです。誰にでも自尊心があります。お互いに心を痛めるような言動には慎《つつし》みたいものですね。ご安全に！

◇◇◇◇◇◇◇◇◇◇◇◇◇◇◇◇◇◇◇◇◇◇◇◇◇◇◇◇

## 29　売り言葉に、買い言葉（作業員の安全作業義務）

同じように中堅の建設会社で、安全担当をやっていた友人から聞いた話です。ある工事現場の安全パトロール中に作業着（上着）をズボンの外に出しっ放しで作業している若者2人の作業員を見つけたので、即注意したそうです。先輩格は、こちらをちらりと見ただけで、聞かなかった〝ふり〟をしている。今思えば、私を無視していたのかもしれないということでした。そこで、彼は、先ほどより少しボリュームを上げて再度注意したところ、「何でズボンの中に入れなきゃならんのだ！」と反論してきたそうです。

安全服装の必要性を説いたところ、今度は「どこで決まっているんだ、法律か！」と言うから、「法律では具体的な決まりはないが、会社で決めていることだ」と応《こた》えると、「そんなもん、茶髪するな、と言っているようなもんだ！」と吐き捨てるようにどなり返してきたと言います。

これに対して、彼（私の友人）は、「客先の決まりや元請けの言うことが聞けないような奴は帰れ！　明日からこなくてよい！」と年甲斐もなく興奮して応じたそうですが、さすがに「帰れ！」に驚いたか渋々と上着をズボンの中に納めたそうで、後輩らしい作業員も慌てて先輩にならったとのことでした。

「こんな格好で事故ったことはない」とか、「今までどの監督にも注意されたことがない」と言って向かってくる相手の態度に、彼はつい熱くなってしまったと反省していました。

しかし、彼が言っていることは、間違ってはいないのです。送り出し教育や新規入場時教育で徹底されていないとすると、再教育する必要があるかもしれません。作業員への具体的な作業指示は、一般的に自分を雇ってくれている会社の職長から指示される場合が多いです。だから、安全関係についても職長の言うことを聞いておれば、「元請けはじめ他の会社の人の言うことを聞く必要はない」とでも思っていたのかもしれません。

ところが、法律（安衛法特に第29条）では、元請け側には「請負人の労働者が、この法律・命令規程に違反しないように指導しなければならない」とか、「違反している場合は是正のため必要な指示を行わなければならない」となっております。一方で、「作業員は安全順守義務があり、安全状態保持義務や安全装備品の使用義務あるいは危険・有害行動の禁止義務、立入禁止義務等々」が決まっております。

したがって、「元請け等には、作業員に対する直接の安全指摘・指導が義務づけられており、作業員は、これを守ったり、是正したりする義務がある」ということを再認識してもらわなければなりません。ご安全に！

## 30　決められたことを守る

「決められたことを守ってくれ」と何回も言われたことがあると思いますが、決められたことって一体何でしょうか？　それは、安全衛生法等の法律に基づいて、仕事をさせていただく客先や、施主や元請け等で決められたルールです。一番身近なところでは、毎朝ＲＫＹ等で自分たちが決めた本日の安全行動目標です。仲間の誰かが、あるいは、自分が発言して、決めて全員で唱和したこと、これが守られない、忘れられていたとしたら言語道断です。

また、何十件・何百件以上と長年現場を経験してくると、場所が変わっても客先が変わっても安全ルールというのは、そう違うものではありません。したがって、何をしてはいけないのか、何をしなければならないのか、ほとんど分かっていて、すっかり身に付いているはずです。しかし、労災は、あとを絶たない。何故でしょうか？　せっかく分かっていながら日常の自分の行動に活かしていないからです。「ちょっとだからいいだろう」という、ほんのちょっとした瞬時の不安全行動でも災害に遭遇してしまう。「うっかりした」も決して見逃してくれません。

そして、「俺は決められたとおりにやってないことがあるけど、今まで事故ったことはない」とは決して自慢になりません。事故・災害が起きるようなやり方で、すなわち、やるべきことをやらないで、やってはいけないことをやっていると、あるいは、不安全状態を放置していると、早かれ遅かれ、いつか、必ず労災と遭遇する。ということで、ルールが分かっていたら、毎日の自分の行動に活かすことです。

また、〝ルールを知っているとか分かっている〟というのは、行動に活かしている人が言えることであって、行動しない人は〝知っているとか分かっている〟とは言えません。「知行合一」という言葉がありますが、「知っている」ということは、実行がともなわなければ知っているとは言えないのです。

安全ルールを知っているけど安全行動がとれないという人は、「安全ルールを知らない」ということになります。話は重複しますが、なぜ安全ルールを守れないか？　大きくは、以下の点にしぼられます。

**（1）監督者・職長側の反省点（留意願います）**

①作業員（労働者）が守っていないことを黙認している。
②必要以上に「安全ルール」ばかり作る（制定する）傾向にある。
③監督者・職長が範を示さないばかりか、逆に自らルールを守っていない。

**（2）作業員（労働者）側の反省点（留意願います）**

①これくらい平気・大丈夫という過信・油断そして緊張感の欠如。
②ルールを守ってなくとも被災したことがない（という変な自信）。
③面倒である（省略行為・近道行為に走る）。

監督者も作業員も「決められたこと」を毎日きちんと守って安全行動することです。そして、自分の安全を確実に確保したら、つぎは、周りで作業する仲間の安全確保にもお互いに留意・配慮し合うような温かい職場環境を作っていただきたいと願います。ご安全に！

◇◇◇◇◇◇◇◇◇◇◇◇◇◇◇◇◇◇◇◇◇◇◇◇◇

## 31　ああ言えばこう言う

ある建設現場をパトロールしていたときのことでした。一人の作業者と思われるような人が「何か文句があるのか！」というような顔をして近づいてきました（じつは文句があったわけですが、先手を打ちました）。「ここの責任者（職長）はどなたですか？」とたずねると「俺だ！」と応えたのです。

そこで、「作業員２名とも安全帯の摩耗が著しく、万一のときには切れてしまうから取り替えてください」と指摘したところ、話が終わらないうちに「お前らの安全帯は使いものにならないんだとよ、お前ら帰れ！」と促しました。そこで、私は「何も帰れとは言っていない。安全帯を取り替えてくれと言っただけだ」と言って別れました。しばらくすると、その職長は引き返してきて、「この安全帯のどこが悪いのだ！」と喧嘩ごしです。「ロープが摩耗しきっているので、万一の墜落時には、ロープが切断して用をなさないから取り替えないと仕事にならない」と説明しましたが、「切れるという証拠を見せろ！」とか「どこで決まっているんだ！」、「こんなことで、今まで注意されたことはない！」と、怒鳴りながら両の手は握りこぶしで、私を殴らんばかりのにらみ顔で近寄ってきました。しかし、私は下がりませんでした。

私の説明が下手だったのかもしれませんが、人の話を聞こうとする気が全くない、あるいは、理解しようという気がまるでない。まして、私が元請だというのにです。

手元に破断試験のデータをもってなかったので、彼がもってきた安全帯の摩耗したロープを彼の目の前でじっくり見せながら、「安全帯は使うために腰に装着しているんだ」、「こんなに棒状に擦り減っているではないか、これでは、万一の墜落時には、自分の体重を持ち堪えることができなくて切れてしまう！　使い物にならないよ！」とか、「安全は恰好だけでは確保できないぞ！」と年甲斐もなく語気を強めて説明したのです。すると、相手は血圧も大分上がってきていただろうに、少しは納得したのか落ち着いてきたらしく、ぶつぶつ言いながらもどって行きました。二次下請負会社の事業主兼職長だったようですが、この挑戦的な言動に久しぶりに熱くなったものでした。

しかし、安全指導で妥協は許されないと自認しながらも、いくつになっても丸くならないなあ、もっと優しい言い方はなかったのかなあと反省したものでした。「冷静に、沈着に」でしょうか。今では懐かしい想い出となりました。

◇◇◇◇◇◇◇◇◇◇◇◇◇◇◇◇◇◇◇◇◇◇◇◇◇◇◇◇◇◇◇◇◇

## 32　自業自得

結果には、必ず原因があります。これを自業自得《じごうじとく》とでもいうのか、悪い結果の原因を自分自身でつくったのでは仕方がありません。

安全対策はどうでしょう。やらなくてはならないとわかっていながら、あるいは、また、やってはいけないとわかっていながら安全行動面に生かしていないということはないでしょうか。これまで長い間、手抜きしてきたが、事故・災害にあっていないとか、うるさく言われるが長年マイペースで作業しており、昨日まで何事もない、今日も大丈夫だろう。このような何の根拠もない自己判断で何気なく作業している人たちはいないでしょうか。

たとえば、槽内作業。去年もここで作業したが酸欠してなかったので、今年は測定しなくて大丈夫だろう。すぐ終わる作業であり、仮設足場を組むほどでもないが、高さがちょっと足りないようなので、うまい具合に脇にある木箱でも失敬して踏み台にしよう。ちょっとした作業だし、何も金と時間をかける必要はない、という判断で安全対策を省略して転倒、あるいは、墜落事故を起こす。枠組み足場の筋交い部だが、昨日やったように気をつけて降りれば大丈夫だろうという近道行為等々、作業者の勝手な自己判断による不安全行動はあとを絶ちません。

あるいは、また、高所仮設足場上で材料の荷揚げのためか、誰かが外した手摺りが外しっ放しになっているのを発見したけれど、「今は手が外せない、あとで治そう」と思っていたところ、すっかり忘れていた自分が落ちそうになってしまったということもあります。このケースは、手摺りを外しっ放しで放置してあるのが第一要因ですが、折角不安全状態を発見したのに修復を〝後回し〟にした自分がいけないのです。

これまでも散々注意している、今朝も事故例を話したりして、あれだけ注意したから、必ず守ってくれるだろう。やってくれているだろうという「希望的観測」だけで、自分の目で確認していない監督者とか、不安全行動・状態を分かっていながら黙認している監督者はいないでしょうか。

あるいは、また、急がせている中、皆は一生懸命頑張ってくれている。しばらく誰も休みを取っていないので休ませたいが、納期も迫っている。「もうちょっとだ、皆あと一息頑張ってくれ」と無理な労働をしいている事業者（職長）・監督者はいないでしょうか。考えるとキリがありません。しかし、やるべき確認を省略・怠ったり、作業を無理強いしたりしながら、仕事をしていると、これらは、早かれ遅かれすべて悪い結果が待っていると考えたほうが間違いないでしょう。

悪い結果を出さないためには、悪い原因を自らつくらないことです。したがって、自業自得ということになる前に、先手を打ってもらいたいと思います。ご安全に！

# 33　言い訳無用

　自分が失敗したとき、過失を生じたとき、あるいは、被害者・加害者になったときに、そこにいたるまでの自分の行動を肯定して、私は間違っていなかったと弁明するような場合によく使われるのが、言い訳にしか聞こえないような「まさか」、「想定外」、「はず」、「大丈夫だと思った」、そして、「たまたま」という言葉です。「まさかこんなことになるとは、思ってもいなかった」、これは、「想定外」と同じようなもので、「事態」を予測できていたにも関わらず、何も対策をしていなかった場合に、自分（あるいは自分たち）の過失を〝隠ぺいする〟言葉として使っているように思われます。

「まさか」とは過信していたことであって、思い込みもあったと思います。ある程度わかってくると自分の経験から結果を予測できると思いますが、自信過剰となると不測の事態も想定できなくなるのかもしれません。過信は油断に移行して、いつの間にか不注意となり、突然「まさか」がおそってくるのです。そして、「想定外」で避難しようとするのです。「はず」、「大丈夫だと思った」とは、これは、何の根拠もない、あるいは、自分に都合のよい自分勝手な解釈・判断で行動することです。確認の省略・欠如ということになります。

　たとえば、監督者の指示にしても、あれだけうるさく言ってあるので、ちゃんとやってくれている「はず」となります。もちろん作業員を信用することも大事ですが、要所では自分が指示した通りに、やってくれているか？　を現場確認することが必要です。そこで、指示どおりに動いていない場合は、当然のことながら、即是正して徹底を図る必要があります。

「たまたま」ですが、これは偶然の意味合いに使われることが多いようです。ある行為者が被災者、あるいは、加害者となるような結果を予測しないで（意識しないで）行なって過失した場合に使います。たとえば、いつもはこんなことないが、今日に限って昇降時に（たまたま）安全ブロックを使わずに墜落しそうになったとか、運転中に考えごとをしていて、交差点を赤信号で突っ切ってしまったが、（たまたま）他車の往来がなく無事だったなど、これらは、「たまたま」では済まないことです。本当に、「たまたま」か？　ということです。必然的な行為による結果は、それこそ、「たまたま」ではなく、運良く過ぎたことに過ぎません。

監督者の皆さんは、運よく助かっているような人がいないかを巡回・確認することが必要です。そして、不安全行動や不安全状態を発見したら決して見逃さないことです。

## 34　忙中閑あり（パナシの話）

### （1）監督する立場の事例の一部から

①指示・命令のしっ放し（パナシ）

指示したことが現場で実施されているかどうかは、基本的には自分の目で確認することで、指示の履行が確認できます。しかし、所長が毎日現場に付きっきりで見ることはできないので、中間（補助）管理者に責任代行で任せる場合が多いかもしれません。

②任せっ放し

所長として、ポイント管理になる場合が多いのは否《いな》めませんが、それすらやらない、できない。全く現場を見ないというか（関心を持たないで？）現場に任せっ放しにしていると、会社自体が正しく動いているのかわからなくなってきます。

名のある大企業による最近の「不正」発覚の連鎖。代表役員が頭を下げる姿ばかり目につきますが、組織が大きくなるほど現場は何をやっているのかわからなくなってしまうのでしょう。トップがテレビの前で「(不正は) もうやりません」と謝っているのに「末端組織では、その後、2週間ばかり不正を続けていたことが発覚……」では話になりません。

「このようにやれ」、「こんなことは、やるな」と言ったではないか！　と口うるさく言ったところで末端がそのように動かないのでは、上と下が同じ方向を向いて仕事してないということで、「組織の体《てい》」をなしてないということになります。これでは、安全確保も、他人任せであって、〝無法地帯現象〟が起きているといえそうです。指示したとは、指示したことが確実に実施されているかを確認して、指示完了です。

**（2）作業員による現場第一線での事例の一部から**

①聞きっ放し（よく聞いていない、指示通りに行動しない）
②遣《や》りっ放し（確認してない、品質を確かめてない、手摺りを外しっ放し）
③出しっ放し（片づけない、工具類の置きっ放し、使いっ放し、書籍・設計図等）
④開けっ放し（出入口扉、電源箱蓋開けっ放し）
⑤点《つ》けっ放し（休憩時、終業時の各種電源ＳＷ）
⑥散らかしっ放し（屑類捨てっ放し、食事後の弁当箱類）
⑦その他（行事期間を過ぎたポスターの貼りっ放し、リボンの付けっ放し他）

**（3）考えられる「放しの要因」**

①全く気が付かない　（無関心、無頓着、無意識、見逃し、ルーズ）

②誰かやるだろう、あとのことを考えない（自己本位、無責任、連帯感欠如）
③横着本能による行動阻害（慣れ、悪い行動の習慣化、大丈夫だろうという考え方）
　忙中閑あり、どんなに忙しくても片づけるくらいの、パナシを解消するくらいのわずかな時間は作れるものです。しつけとヤル気の問題ではないでしょうか。監督者・作業員それぞれの意識改革が必要ということでしょう。

◇◇◇◇◇◇◇◇◇◇◇◇◇◇◇◇◇◇◇◇◇◇◇◇◇◇◇◇◇◇◇◇◇◇

## 35　災い転じて福となす（つぶやき）

――休憩時間で事務所に戻ってきたときのこと（仮想現場）――

Ｐ（パトロール者）：今日は疲れたなあ。
Ｏ（監督者）：どうかしましたか？
Ｐ：設備室屋上の鉄骨上（高さ10ｍ）で安全帯使ってないのがいたよ。
Ｏ：昇ったんですか？　高齢者は昇ってはだめですよ（冗談だと思ったが）。
Ｐ：作業するわけじゃないし、安全作業をしているかどうかは、昇ってみないと見えないのだから（パトロール者としては）高齢者だろうが誰だろうが当たり前のことだ。先月のトラブルだって、地上から見えない場所で作業しているのを監督者たちが近くまで見に行って確認しておれば防ぐことができたことだ。

O：それは、そうですが。今日のそれ、書くんですか？

P：書かれてダメなことやらせるなよ！　先日のこともあるし書ける訳ないよ。客先に出す報告書が今日は書けないよ、書けばOさん退場だ。

O：それもいいですね（冗談だと思ったが）、他にもあったのですか？

P：大体、ラック上の張り出し作業で仮設足場を作らないのは、おかしいよ。たとえ、短時間作業であっても足場を組んでからやってくれといつも言っているではないですか。

O：金がないんです。

P：全然反省してないねえ。金がないから落ちても仕方がないか。

O：……。

P：もう1件は、親綱のことだけど。

O：親綱は、張ってあったでしょう？

P：張ってないよ！　屋根上への荷揚げ作業で、親綱を張らずに安全帯使用なしで作業を始めたので、そく、作業をストップさせたよ。親綱展張を指示したあと他を巡回してもどってみたら親綱は張ってあったが今度は1スパンを2人で使用していたので「1スパン一人使用」を再度説明して、もう1本展張させて作業を再開させた。

すぐ脇にいた職長には、先月も同じことを注意したのに忘れていたようで、「この班で、次回も同じようなことがあったら全員退場だ」と言っておいたよ。

とにかく、対策は、事故が起きてからでは遅い。忙しいだろうけど起こす前にしっかりやらせて、「言ったとおりにやっているかどうかを自分の目で確認」しなきゃダメだよ。

O：分かりました。

P：(本当にどこまで分かったのかなあ、禍転じて少しも福となっていないなあ)

# 第4章

## 安全施工技術

## 36　知らぬが仏

〝知らぬが仏〟という諺があります。事実を知ると、腹が立ったり悩んだりするような感情に振り回されるようなことでも、事情をよく知らなければ、仏のように平静な心でいられるということから諺となっているようです。しかし、こと安全に関しては知らないで不安全行動を続けていると、いつか間違いなく仏になるか、その現場から仏を出してしまうことになります。じつに〝知らねば仏になる〟のです（南無阿弥陀仏）。事例をあげます。

### （1）ランヤード（ロープ、または、ストラップ）の耐用年数

ランヤード（ロープ、または、ストラップ）の耐用年数に法的規制はありませんが、業界実験値による取り替え推奨年数は、約３年となっています。しかしながら、使用者の保管、あるいは、使用方法によって随分と違ってくるので、一概に何年とは言えません。劣化具合の日常点検が必要です。つまり、何となく腰に着用装備していても、いざ使用して足を滑らせて万一宙吊り状態となったときに、そのランヤードが果たして自分の体重（衝撃荷重）に耐え得るかどうかということです。

安全帯の構造規格によりますと新品で破断荷重が15ＫＮ《キロニュートン》以上となっておりますが、

ロープの撚《よ》り山が目立たなくなると、約８ＫＮ、表面がほぼ平らになり棒状になったものは４・３ＫＮしかもたないということを知っておいてもらいたいと思います。

なお、ストラップ使用で１㎜以上の摩耗や芯が露出しているものは、取り替えが必要となります。安全は、恰好だけ装うだけでは確保できません。

**（２）安全帯のフックや安全ブロックのフックをカラビナに掛けない**

安全帯のフックや安全ブロックのフックをベルト装着のカラビナに掛けているのを見かけることがあり、発見のつど注意しておりますが、カラビナは、腰工具を携行する（ぶらさげる）ためのものです。そもそも許容荷重は４㎏程度であって、万一時には、自分の体重を持ち堪《こた》えることは全くできないのです。その前に、荷がかかるとフックがすぐ外れて、墜落につながってしまいます。知らないということは、実に恐ろしいことです。

**（３）発電機・ウエルダー等の箱体接地**

発電機・ウエルダー等の箱体接地を怠ると感電被害者が出ることもあります。

移動用発電機や溶接用ウエルダー等を使用する場合は、箱体の接地線を確実に取り付けてから電源投入するようにと、うるさく指導しておりますが、これがなかなか徹底されません。脇にぶら下げているチェックシートを見ると、あたかも使用前にすべてチェックしたかのように、点検項目はしっかりとチェック印が記入されています。

ところが、接地線は箱体の上に巻き溜めたまま載っているとか、場合によっては、接地銅棒（接地極）が見当たらないこともあります。しかし、チェック表を見ると「接地線よし」と恰好だけ繕《つくろ》っているのをよく見かけます。真剣に点検してから電源を入れないと感電死することにもなります。

確実な安全対策・行動が求められます。〝知らねば仏〟にならないように！

◇◇◇◇◇◇◇◇◇◇◇◇◇◇◇◇◇◇◇◇◇◇◇◇◇◇◇◇

## 37　百聞は一見にしかず（安全は、恰好だけでは確保できない）

極めて当たり前のことですが、安全帯は、腰に装着しているだけでは安全でありません。安全帯を何の疑問もなく、間違った使い方をしていると、〝いざ〟というときに自分を支えきれずに落ちてしまいます。

安全は恰好だけでは確保できません、という問題を提起したいと思います。

**（１）フック掛け**

①掛ける相手（構造物）は、万一のとき、はたして自分の体重（衝撃荷重）に耐えられるものか（よく見極めること。細くて折れないか、回転して外れないか等）。

②フックは、簡単に外れないか（山形鋼の平ら部分に掛けると、少し動いただけで、すぐ滑って外れる）。

③腰高より上部に掛けたか（足元に掛けた場合は、腰骨の骨折可能性大。極力頭上に掛けることが大事）。

④先掛けの励行と移動時の二丁掛け（常時、どちらかのフックで支えられているか）。

**（２）親綱（φ16㎜以上）の張り方・使い方**

①一スパン（支柱間隔）は、10ｍ未満となっているか。

②ロープは弛んでいないか（弛みなく展張する）、緊張器を使用しているか。

③支柱は傾いていないか、固定ボルトはゆるんでいないか。

④一スパンを２人以上（ワイヤーロープでない限り破断する）で使っていないか。

**（3）安全帯（ランヤード等含む）は劣化する**

①安全帯胴ベルト（とくにバックル付近）の損傷（3㎜以上の摩耗）はないか。
②ストラップ（とくにフック側）の損傷（1㎜以上の摩耗・芯の露出）はないか。
③ロープ表面が平らとなって、棒状（強度は新品の3分の1以下）となってないか（ぶら下がると間違いなく破断する）。
④ロープ等の耐用年数は、使用方法や使用状況によって一概に決められない。業界の目安としては、使用開始から2～3年（紫外線・雨・油・塗料等で劣化促進）であるが、ロープ表面が平ら（棒状）になったものまで現場に持ち込まないこと。

**（4）セフティーブロックの使い方**

①セフティーブロック自体は、梯子以外の強固なものに確実に固定されているか。
②セフティーブロックのフックを掛けてから安全帯フックを外したか。
③フックは、後方のD環に掛けたか（腰骨が骨折しにくいようにD環は腰の後ろ側）。
④カラビナに掛けていないか（体重をかけると必ず抜け落ちてしまう）。
＊百聞は一見にしかず、です。何気なく日常使っている自分の安全帯と、現場で現物をよく見て、確実な安全装備と安全行動を願いたいものです。

## 38　千慮の一失（勘違いの2丁掛け）

千慮の一失という言葉があります。どんな賢い人でも一つくらいの間違いや思い違いがあるということですが、ここでは「安全帯の２丁掛け」について誤解を招かないように説明したいと思います。

このルールができたころは、「２丁掛けしなさい」と言われたので、作業中は２丁掛けに努めていますということで現場を見せてもらいました。すると２丁のフックを同時に使って作業性を悪くしている人が居たのです。足場環境が劣悪な場合は〝安全には安全〟と念を入れて二重の安全対策も必要なときがないではないかもしれませんが、一般的にはというより普通の作業では、１丁のフックを使って身体を支えればよいのです。

高所・足場上で安全に移動するときには、いま使っているフックには触れないでそのまとし、移動する方向でフックを掛ける新たな場所が決まったら、使用していなかったもう１丁のフックを確実に掛けることになります。そして、移動方向に２丁目のフックが掛かったところで、徐《おもむろ》に先に掛けていた１丁目のフックを取り外します。すなわち、自分の身体は、つねに（空白の時間なく連続して）どちらかのフックで支えられているということです。これが「２丁掛け」です。

高所作業では、この（いわゆる無胴綱とならない）状態を継続保持していることが必須のルールです。肝心なことを言い忘れておりましたが、当然のことながら、安全帯の着用では、使う使わないは別にして、補助ロープ付きでフックを常時2丁装備しておくことが安全装備の条件となります。

高所で移動する場合に、それまで使っていた1丁のフックを外して（つまり、この時点では自分が無胴綱状態になっていることを忘れている）、そんな状態のまま、外したフックを移動先のどこに掛けようかと模索しているうちにバランスを崩して、フックを手に持ったまま落ちていく。これが墜落時のよくあるパターンです。したがって、1丁目も、2丁目も安全帯の「先掛け」に努めて〝空白の時間なく、つねにどちらかのフックで支えられている状態〟（すなわち、無胴綱でない状態）の維持・確保を順守願いたいものです。これが本当の「安全帯の2丁掛け」です。ご安全に！

◇◇◇◇◇◇◇◇◇◇◇◇◇◇◇◇◇◇◇◇◇◇◇◇◇◇◇◇◇◇◇◇◇◇◇◇◇◇◇◇◇◇◇◇

## 39　多忙なときこそ平常心（現場が忙しくしているときこそ巡回）

現場パトロールを計画するときは、あらかじめ当該現場の所長に対して、今月の（あるいは、次回の）自分の都合を電話して現場の都合を確認しました。「今月は、何日に予定したいけどいいですか？」。そして、予定日の２～３日前になれば再確認の連絡をして、ＯＫの場合は、お昼の仕出し弁当まで予約したものでした。

ところが、監督によっては、「その日はバタバタしているから別の日にしてもらいたい」とか、「忙しくて対応できないよ」とか言って、断られる場合があります。断る理由が、客先や競合する他社との工程調整・現場取り合いなどで、「その日は作業できなくなった」とか言うのなら仕方がないことですが、「忙しくてダメ」というような理由の場合には、「そういうときこそ、危険がいっぱいで見所がありそうだ、邪魔しないから是非見せてもらいたい」と無理やり押しかけたものでした。

忙しいときこそ、現場は時間に追われて〝安全〟が度外視されることが大いに危惧されます。「安全最優先」は、言われなくてもわかっている。わかっているけど、こう忙しくては細かいところまで注意しておれない。ルールを守ってないことがあっても多少目をつぶって物を完成してもらうしかない。「みんな、怪我しないよう注意しながら頑張ってくれ」

と祈るような気持ちで作業指示する監督さんの姿が目に浮かぶようです。

しかし、安全担当としては〝見所がいっぱい〟いま行かなくて、いつ行く？　という感じです。また、監督者によっては、「その日は、重機使用作業だから是非とか、客先のパトロール予定日だからきてもらいたい」というような積極的な監督さんたちもいましたが、店社安全パトロールは、もともと現場から歓迎されるものではなかったでしょう。当然のことながら基本的には仕事の邪魔はしませんが、危なそうなときは、作業ストップを掛けるしかありません。不安全状態や不安全行動は、いかなる場合も見逃すわけにはいきません。

忘れてならないのは、安全最優先です。とくに、現場の所長職を担《にな》う人は、これを忘れてはならないのです。パトロールに行った者までが見逃すようではパトロールの意味が全くないということになります。言うは易く行うは難し、と言わないでもらいたいですが、多忙なときこそ平常心に努めてください。安全担当は、安全確保のためには言うべきことをきたんなく言うことが一つの思いやりです。また、指摘したことを報告書に書くかどうかは別問題ですが、受け止める人によっては現場で嫌われて当然かもしれません。これが仕事だから仕方がないのです。これが安全担当の仕事です。ご安全に！

## 40　小敵と見て侮るなかれ（剣豪宮本武蔵伝）

剣豪二刀流の宮本武蔵は、兵法指南書として、有名な五輪書のなかで、「我が身の贔屓《ひいき》をせざるように心を持つこと」、すなわち、過信するな・油断するなと説いております。武蔵は決闘で生涯60数連勝したということですが、なぜ負けなかったのでしょう。当然、武蔵より弱い相手も居たでしょうが、どんな相手であっても、決して甘く見なかったということのようです。決闘で対峙する場合は、相手の技量は、常に自分と同等、もしくは、自分より上と見立てて対峙したと書いております。

いわゆる、「俺の方が上だろう、強いだろう」と自信過剰になることなく、「もしかして、相手の技量が上かもしれない、何か見落としがあるのかもしれない、もしかして、俺が負けるかもしれない」という〝かもしれない〟手法を取り入れて、決して油断することがなかったと言います。そして、この過信しなかったことが結果して負けに至らなかったということのようです。

これは、どんなベテランといえども現場を決して甘く見てはいけないということです。これくらい平気だ、これくらい目をつぶっていてもできると思ってみたり、簡単な作業だと過信して行動していると、いつか必ず、間違いなく「油断」が生じて想定外の悪い結果を生じてしまう。というわけです。

「われ事において後悔せず」。これは、武蔵が病で亡くなる直前（62〜63歳時）に記したとされます「独行道」（自戒の書、21カ条）の中に出てくる言葉です。「われ事において後悔せず」、すなわち、武士たる者は、後悔するようなことがあってはならない、後悔しなくて済むように事前に〝やらなければならないこと〟を自分はすべてやったと記述しております。つまり勝負は勝つためにやる。

そのためには〝朝鍛夕錬〟の言葉を用いておりますが、普段から技の鍛練を重ねるとともに、精神面の修養をおこたらなかったそうです。そして、武士は大刀と小刀をたずさえているが大刀だけで戦って〝負けて倒れた腰には一度も使われなかった小刀が淋しく残っていた〟では、武士として恥であるとも言っております。

これを我々の世界に照らし合わせるとすれば、事前の危険予知を確実に行なって安全行動に心掛けるということです。そして、不幸にも墜落した作業員の腰には、使われないままの立派な安全帯がしっかりと装着されていたであるとか、あるいは、また、それまで作業していた高所足場上には、何らかの理由で外したと思われる自分の安全帯が淋しく置いてあったということになれば、恥ずかしいでは済まないことになります。

「小敵と見て侮るなかれ」。この言葉をときどき思い出して、危険が迫っているかもしれないと思い直して、慎重に行動してもらえれば幸いです。

◇◇◇◇◇◇◇◇◇◇◇◇◇◇◇◇◇◇◇◇◇◇◇◇◇◇◇◇◇◇◇

## 41　念には念を（指差呼称）

私が通勤で使っていた私鉄電車でのことです。

帰宅時は、だいたい運転席のある一両目に乗っていたものでしたが、乗っていて、運転室から、いつも聞こえてくるのが、「出発進行！」、「信号よし！」、「踏切よし！」等と運転手の叫ぶような大きな声でした。運転席と乗客室間のガラス窓には、夜間はカーテンで仕切ってあったので中の方は見えませんが、さかんに指差し呼称で確認していることがよくわかりました。「目で見て」、「指で指して」事象を確認し、「大きな声を出して」、復唱した声が、今度は、「自分の耳から入って来る」。身体全体で安全を確認しているのです。

これは、昔、旧国鉄（神戸鉄道管理局）で実施し始めたようですが、この指差呼称の効果について、1994年、鉄道総合技術研究所が実験を行なって確認したところ、操作ボタン押し間違いの発生率で比較した場合に、指差呼称をしなかった場合と比較して、約6

分の1に減少したと報告されております。これは重要なことです。

こんなに効果がありながら（よいことが立証されてわかっているのに）、建設現場で定着しているかというと、私が見た限りでは、普及されているとは言いがたいと思います。

あるとき、何人もの作業員に聞いてみました。すると、「照れくさくて習慣化することは難しい」という意見が多かったり、「ばかばかしい」と否定する意見まで聞こえてきました。しかしながら、この有効な手段を使わない手はないと思うのです。これは、慣れることです。なれるためには、手始めに一人で車を運転するときに〝指差し呼称訓練〟をすることを薦めます。

まず、運転中に、要所で、いつも自分の目で具体的に確認実施していることを、たとえば、「信号青、よし」、「歩行者、よし」、「左右、よし」、「後方、よし」等と、誰も見ていないところで気兼ねすることなく、大きな声を出してやってみることです。そうやって、何度となく続けているうちに〝恥ずかしい〟とか〝ばかばかしい〟という気持ちがなくなってくるものです。「いつの間にかなくなっている」という表現が正しいかもしれません。そうなったら、今度こそ、実際の現場で使ってみましょう。

指差呼称による安全確認は、「金も、時間も、道具も」いっさい要りません。そして、これほど効果がある対策を実践しないことは、実にもったいないことです。ご安全に！

## 42　網の目に風とまる（錯覚なくして安全作業を）

〝人は間違う動物である〟とよく言われます。他の動物は間違わないのかと聞かれますと、私にはよくわかりません。

どんなに注意深い慎重な人でも、疲労であるとか単調な仕事の連続であるとか、あるいは、また、錯覚などでヒューマンエラーを起こす場合が多々あります。錯覚というのは、「錯視」といって、大きさ・長さ・方向等が客観的・視覚的に違った見え方を生ずる現象と、「思い違い」といった勘違い・思い込みを指して言う場合があります。これは、いわゆる「ポカミス」です。人の話をよく聞いていないとか、考えごとをしていると生じやすいので注意が必要となります。

いずれにしろ、錯覚から事故・災害につなげないことが大事ですが、どうすれば、錯視を防ぐことができるか？　視覚的に間違いやすい標示とか見えにくい（すなわち、文字が小さいとか、文字が色あせしているとか、周りが暗くて・まぶしくて見えにくい等）ことがあれば、すぐ取り替えるなど行なってわかりやすい標示にしなければなりません。

一方、ポカミスをなくすためには、まず、普段から仲間との人間関係・チームワークをよくしなければなりません。毎日、顔を合わせて共同作業を行なったり、食事や休憩をともにする仲間は、ある意味で、すでに家族と言っても過言ではありません。その仲間と気まずい思いで仕事していては、集中力・注意力を欠いて、よい仕事ができるわけがないですね。

つぎに、朝礼等では聞き落しのないようにボーっとしないで、人の話をよく聞くということです。そして、よく言われるのが「一人KY」と「指差呼称」です。一人KYでは、「自分の行動にはミスがある」と、疑ってかかるのがよいでしょう。そして、「もしかして」と危険側を予測して行動することです。

また、指差呼称をやれば、「ミスを起こす確率が6分の1以下になる」という実験データもあるのです。大きな声で確認しながら行動（作業）すれば、「災害の悪魔は寄り付きにくい」ということになってきます。

そして、大事なことは、自分の安全を確保したら周りの仲間（家族同然の仲間）は大丈夫か不安全行動をしていないか、日頃からお互いに気配りする心（余裕）をもって作業してもらいたいと願うものです。ご安全に！

## 43　急いては事を仕損じる（慌てず急げ）

めったにあっては困りますが、工事受注時点から、きわめてタイトな工期（納期）でありながら、工事の無事完工をお願いされる場合があります。工期（納期）に余裕があろうがなかろうが、「無事完工」は、究極の目的ではありますが、工期（納期）のひっ迫が常態化されては問題です。

しかしながら、受注時の客先の諸々の背景を伺っていますと〝困ったときはお互いさま〟を実感することとなり、というわけで、何とか協力することになります。

こんなときに使う言葉に、「慌てず急げ」というのがあります。慌てるな、しかし、急いでやってくれという都合のいいような言葉ではありますが、こんなときこそ、チーム一丸となってお互いが注意し合っての頑張りどころということになります。

「急ぐ」というのは、慌てたり、焦ったりすることとは全く違います。「急ぐ」とは、身体が急いでいる状態のことです。したがって、落ち着いて物事を順序よく考えることができるし、しいていえば、気持ち早めに行動する（あるいは、行動できる）ということになるでしょうか。

一方「慌てる」というのは、何をしてよいかわからず、うろたえて騒ぐばかりで、心が急《せ》いている状態を言うようです。したがって、慌てると間違ってしまったり、やり直したり、ケガしたりで　ロクなことはありません。これが「急いては、事を仕損じる」ということです。元々は、あせるようなときほど、じっくりと落ち着いて物事に専念しようという教えだったようです。「慌てると　ケガするぞ！　急がないと　間に合わないぞ！」ということですね。

　また、これが他社と競合・輻輳《ふくそう》するような現場の場合は、なおさら大変です。ここでは、監督者間の調整で作業現場の取り合い（競合調整）となります。一旦決まってしまうと、限られた場所と時間内で監督者・職長による、より一層の冷静な目配り・気配りのもとで、「慌てず急げ」となります。

　急いて事を仕損じないように、そして、一人ひとりがごく当たり前のように確実に安全行動に努めて、日々の作業を無事終了し、笑顔で家路に着いてもらいたいと願うばかりです。ご安全に！

## 44　河童の川流れ（臆病がいい）

安全に生きるには、臆病がいいという話です。「石橋を叩いて渡らない」という諺（？）もありますが、安全確認は、二重・三重にも慎重に十分に行なうことというわけです。安全対策でやり過ぎるということはありません。安全対策を行なうには、忙しいときに〝余計な〟と思う人がいるほど時間を要することもありますので、〝ほどほどに〟と思う人もいるかもしれませんが、わずかな時間を惜しんで確認を怠《おこた》ったばかりに、事故・災害に遭遇する事例は事欠きません。事が起きてからの対策では、何の益もないのです。「後悔先に立たず」とならないように先手をうちましょう。

臆病とは、広辞苑によるとちょっとした物事にも〝おじけづく〟（怖じ気付く）とありますが、こと安全作業にあたっては〝おじけづく〟くらいがちょうどいいと思います。臆病でない場合は、これくらい、平気・大丈夫と〝強気〟になられて、油断・不注意を連発して、あげくの果てには事故・災害に直結する条件が整ってしまうということになるわけです。安全作業を行なうのに勇気は全くいりません。強気も自慢も不要です。慎重過ぎるほどの確実な安全確認が習慣化されて、自然体で安全行動できることが肝要です。

〝河童の川流れ〟という諺がありますが、泳ぎ上手の河童でも、たまには、川に流されることがあるということです。どんなにベテランといえども、特別の技能がある人であっても、ときには、失敗することがあるので、いかなる人も、いかなるときも過信してはいけない。誰にでも慎重な行動が求められるというわけです。

かつて、北極（１９９４年）と南極（１９９７年）の単独徒歩横断に成功した大場満郎氏のつぎの言葉が大いなる確証となるのではないでしょうか。「冒険家が大胆だけだったら、それは死に直結してしまう。恐る恐るの慎重さがなければ成功しない」と。これでこそ、前人未到の大事業を成し遂げることができたのでしょう。

安全作業に冒険は全くの無用ですが、冒険家という人たちは決して無謀な行動はしない、そして、結果として成功を収めているということです。臆病と思われるほど、慎重に確認行動して安全を確保することで、はじめて成功の扉が開く、成功に導かれるというものです。ご安全に！

◇◇◇◇◇◇◇◇◇◇◇◇◇◇◇◇◇◇◇◇◇◇◇◇◇◇◇◇◇◇◇◇◇

## 45　昨日は人の身、今日は我が身（不安全作業の撲滅）

不安全作業とは、およそつぎのような行為をいいます。

### （1）人の不安全な行動

作業を進めることだけに専念して、「安全」を無視、あるいは、軽視して、近道・省略行為や横着行為をするなど、人の不安全な行動をいいます。

①横断歩道でない場所を横断する。仮設足場で昇降設備のない場所（筋交い部等）を昇降する。作業区画のカラーコーンを跨いで作業帯を出入りするなど。

②脚立・梯子を取りに行くのが面倒で、手摺りに乗ったり、近くにあった木箱等を代用して足場（踏み台）とする。

③「大丈夫だろう」と根拠のない勝手な判断で一時停止しない。スレート屋根に直《じか》に乗る。

④有資格作業を無資格者に操作・作業させる。

⑤幅輳する競合他社との近接工事で吊荷の下部を通り抜けるとか吊荷の下で作業するなど。

⑥重機のブームを伸ばしたまま横着走行。高所作業車の作業床に乗って走行。

⑦周りは暗くなってきたが、もう少しで終わるからと必要な照明を省略。
⑧納期や停電時間、道路使用許可時間等が迫ってくると、決められたことを守れない。
などなど、すべて、災害発生の可能性を増殖している不安全作業です。

### （2）パナシなどの不安全行為から不安全作業に

①5Sの不履行　5Sの崩壊で災害発生確率が上昇する。
②防護カバーの外しっ放し　知らない他の人が被災する可能性が高まる。
③開口部（蓋）の開けっ放し　知らない他の人が被災する可能性が高まる。
④仮設足場上の手摺を外しっ放し　未復旧のままだと、知らないで通る他作業員が墜落。

### （3）コストダウン志向が強すぎると「生産第一」となって、安全が度外視される

①仮設足場組立や高所作業車を手配しないで無理な体勢での作業となる。
②必要な作業員や交通誘導員・監視員等を減員して事故・災害を誘発することにもなる。

### （4）安全意識の欠如（安全啓蒙不足）

①安全服装・装備ができていない。

②現場の安全知識不足。
③火気厳禁付近での喫煙。
④第三者に対する安全配慮不足等々。
⑤５Ｓの不履行・不徹底。
＊過去におきている災害事例（他人の不幸）を決して無駄にせず、自分の戒めとせよということです。一人ひとりが自覚して確実な安全行動することにつきます。

◇◇◇◇◇◇◇◇◇◇◇◇◇◇◇◇◇◇◇◇◇◇◇◇◇◇◇

## 46　月夜に釜を抜かれる

「月夜に釜を抜かれる」とは何のことでしょう。電気やガスで炊飯する現代では何を言っているのか考える人が多いかと思われますので説明しましょう。

昔は「飯を炊く」と言えば、石、煉瓦等を積み上げて土やセメントで養生構築した竈《かまど》に釜を嵌め込んで、釜の下から薪《たきぎ》を焚《た》いて、釜の水加減と火加減を調整しながら炊飯した（ようです）。

筆者は、この情景を見た記憶がないので（ようです）と追記しましたが、夜とはいえ昼間のように明るい満月の夜ふけ、こんなときに泥棒が入るはずがないと皆が安心（油断）して寝入った頃合いを見て泥棒が侵入し、竈の釜を引き抜いて堂々と盗んでいくということです。いかなるときも油断大敵という昔からの諺であります。

しかし、昔といえば、その昔は、他人様の家に入って盗むとか卑劣・残虐な犯罪行為が少なかったのです。とくに、田舎の場合は、50年、60年以上も昔の話で恐縮ですが、夜寝るときでさえ、どこの家も、厳重な戸締りをして寝たという話を聞いたことがありませんでした。どこの家も、お互いに貧しいながらも善良な民人ばかりであったし、隣近所同士で互助の精神が当たり前のような時代だったのです。それを思う反面、こんな諺があるということは、その時代にも盗人がいたことは確かなようですね。

言いたいことは、「油断大敵」です。まさかと思うようなできごと（事象）から突然事故・災害に遭遇することがあるので、「念には念を入れ」という諺があるように安全確保のためには、二重、三重の安全対策を欠かすことができないということです。今の世は、家の戸締りは鍵（必要により二重）と鎖の二重（三重）施錠がよいですね。

戸締りとは別の話ですが、車運転中で自分が「青」で交差点に入る場合に、赤信号を無視して走ってくる車はほとんどありませんが、極くたまに赤信号側から突っ込んでくる車があるので物騒です。たとえ交差点が「青」であっても、確実な左右確認と徐行を欠かすことができません。また、左折する際には左後方から二輪車等が接近してきていないかなど、よく確認して交差点に入ることです。常に「かもしれない」に徹することです。月夜に釜を抜かれることもある。自分本位で安心しきって判断せずに、念には念をいれて油断しないで行動することが大事であるということです。ご安全に！

## 47　後悔先に立たず

「はず」というのは希望的観測として使われる場合が多いようです。〝あて〟にならない極めて〝いい加減〟な判断ということです。自分で確かめたわけでもなく、「大丈夫だろう」と自分勝手な判断をしたときによく使われます。悪い結果を想定しない無責任な行動ということです。人命に関わるような場合は、決して「はず」で行動してはなりません。

たとえば、自動車運転で考えてみましょう。脇道から「人は飛び出してこないはず、こないだろう」と想定するのは、そのときの自分に都合のよい、何の根拠もない勝手な自己判断に過ぎません。正に自分に都合のいい解釈で行動するのです。こういう場合は、危険を予知して、「もしかしたら、子供が飛び出してくるかもしれない」という余裕をもった安全側の予測運転に切り替えることが必要となります。

かつて、JR目黒駅付近の夜の貨物線軌道敷内で、5人の作業員が轢《れき》死するという悲惨な事故がありました。終電車が通過したあと始発電車が通り始める前までのタイトな時間内に線路補修するという夜間作業でしたが、予定の集合時間に監督自身が遅刻してしまったのです。

監督は、TBMの前には臨時列車等の通過予定が入っていないかをJR指令所に確認することになっていましたが、自分が遅刻してきた焦りだけでなく、電話確認する時間を惜しんだ結果、「昨日確認したときには、この時間帯への臨時列車はない、ということだった。その後も変更はない〝はず〟だ」と勝手に決め込んでみんなに説明したのでした。

監督が言うからには疑う余地もなく全員が線路敷に入って、作業予定場所まで歩き始めたところ、突然臨時の回送電車が入ってきたからたまりません。一瞬のうちに5人の作業員が飛ばされてしまいました。「はず」という勝手な自己判断から多くの犠牲者を出してしまったのです。「はず」で行動した分かりやすい悪い事例でした。監督者は、作業現場を自分の目で耳でよく確認しないで、「はず」で対応・処理を続けていると間違いなく事故・

災害に直面するのは時間の問題です。

後悔先に立たずです。大事に至ってからいくら悩んでも取り返しはつきません。備えあれば憂いなしでもあります。「はず」こそ怖いものはなし。絶対に「はず」で行動してはならないということです。

◇◇◇◇◇◇◇◇◇◇◇◇◇◇◇◇◇◇◇◇◇◇◇◇◇◇◇◇◇◇◇◇◇◇◇◇◇◇◇

## 48　前車の覆《くつがえ》るは後車の戒め

走行中に前を走る車が突然ひっくり返りました。たまたまそのすぐ後ろを走っていた車の運転手は、制限速度で走行し、車間距離を確保しながら前方をよく見て運転していたために、追突しないで済んだばかりか、同じようにひっくり返らないように注意して走ることが出来たということです。すなわち、前の人の失敗は後の人の戒めとなるという諺です。

各地で、多業種・多産業での労働災害が毎日のように発生しておりますが、事故・災害が発生した現場の周囲の環境や労働条件等々が自分の現場（周辺条件）と類似していると思える場合もあろうかと思います。よそで起きた事例とはいえ、これらを〝貴重な前例〟

として、自分たちのあるいは、自分の日常行動での再発防止に使わない手はありません。

各種労働災害事例、あるいは、統計等については、中央労働災害防止協会の安全衛生情報センター公式ホームページで見ることができますが、比較的大規模の（とくに、ゼネコン等の）建設現場では休憩所の壁に災害事例が掲示してあったり、あるいは、最近では仮設トイレの壁にも、どこかで、事故・災害が発生するたびに新しい災害情報を掲示して類似災害の再発防止を呼び掛けているところもよく見かけます。

要は、このようにせっかく掲示・提供されている貴重な掲示物（情報）は、他人ごとではないということ、作業員全員が関心を持ってよく見るということです。まず、何かが掲示されていることに関心を持ちます。そして、近づいて目を通す。よく読めば災害の概要がわかってくるし、なぜこうなったのかという原因と再発防止の対策も見えてきます。そして、自分がこの事故現場の当事者であったとしたら、こうはしないとか、こうしているとか。こうすればよかった等々、自分なりの講釈をすることでよく理解できます。これが、これからの自分の安全作業に活かせることになります。現場（休憩所等）にはじつに貴重な資料が掲示してあります。決して見逃すことなく、休憩時間を有効に使いたいものです。

まさに、〝前車の覆るは後車の戒め〟です。類似の諺として〝他山の石〟であるとか、〝人は他人の愚行を見て賢くなる〟という諺もありますが、いいことは真似するべきだと思います。ご安全に！

◇◇◇◇◇◇◇◇◇◇◇◇◇◇◇◇◇◇◇◇◇◇◇◇◇◇◇◇◇◇◇◇

## 49　他山の石

災害・事故の事例は、どの世界でも同じようなことが繰り返し起きております。

### （1）仮設足場上を歩いていたら

仮設足場上を歩いていたら、足場板上に誰かが置き忘れていたのであろうクランプや小物材料に気がつかないで、これを蹴飛ばして足場下の地上へ落としてしまった。

### （2）足場上で

足場上で、先ほどまで安全帯を着使用して作業していたが、小物材料が足りないことに気づいて地上まで降りて再び昇ってきたときには、小物材料を取り付けることばかりが気掛りで、安全帯の使用をすっかり忘れて作業にかかった。

**（3）足場昇降用梯子を昇降するとき**

足場昇降用梯子を昇降するとき、片手に足場固定用の番線を持って昇っていたので、梯子をよく掴めず、滑り落ちそうになった。

**（4）仮設足場への昇降用梯子の重ね使用**

仮設足場への昇降用梯子の重ね使用で繋ぎのために縛っていた番線端部を折り曲げていなかったため、番線端部で顔や指を傷めてしまう。

**（5）リースしていた慣れないユニック車両のレバー操作**

リースしていた慣れないユニック車両のレバー操作を誤って、突然ブームを伸ばしてしまい、突き出たブーム先端で新築したばかりの工場のひさしを破損させてしまった。

**（6）客先の工場構内道路を作業車で走行中**

客先の工場構内道路を作業車で走行中に、道路上を横断している配管ラック下を通過する車両に対して高さ制限標示があることを事前に説明受けていたことを失念したまま通過して表示板に激突破損した。高所作業車のバケットを揚げたまま走行していて激突しての設備損壊事故もあります。

## （7）通勤途上で携帯電話で話しながら

以前に聞いた話ですが、通勤途上で携帯電話で話しながら交差点を突っ切ったとき、信号をよく見たら赤信号だった。たまたま、左右から車がきていなかったので運よく通り抜けたが、じつにヒヤリとした。まかり間違えば（間違っていたのだけど）相手車を巻き込んでの大事故となるところだった。

などなど一例を示しました。

「他山の石として、……」ということを、よく聞くことと思います。これは「詩経」という中国最古の詩集にある故事に由来するそうで、「よその山から出た粗悪な石であっても自分の宝石を磨くのに役にたつ」という意味です。つまり、「他人の誤った言行や、つまらないできごとでも、それを参考にして利用すれば、自分のためになる」ということで、「人のふり見て我がふり直せ」にも通じます。

作業現場では、災害事例が紹介されたり、掲示されたりして、見聞きする機会がかなりあると思いますが、貴重な災害事例・トラブル事例を見逃さないでよく理解し、他山の石として自分たちの作業現場、あるいは、自分の行動での類似災害の再発防止に活かしてもらいたいものです。「他山の石、以《も》って玉《たま》を攻《おさ》むべし」です。ご安全に！

◇◇◇◇◇◇◇◇◇◇◇◇◇◇◇◇◇◇◇◇◇◇◇◇◇

## 50　遅れてでも到着する（カンタス航空に学ぶ）

日本の航空史上で忘れられない事故は、１９８５（昭和60）年に日航ジャンボ機が群馬県御巣鷹山中に墜落して、５２０名もの犠牲者を出した事故です。これは、１９７７年にカナリア諸島のテネリフェ空港で起きた、ＫＬＭオランダ航空とパンアメリカン航空のジャンボ機同士の衝突事故（死者５８３名）につぐ悲惨な大事故でした。世界の航空機事故は、２００６年に犠牲者が１０００人を割ってから、年々減少傾向でしたが、２０１７年は、「犠牲者59名、大型旅客機の墜落事故はゼロ」という大記録だったようです。

このような状況下にあって、世界の航空会社は、４２０~４３０社ほどあるようですが、この中で「航空会社安全格付けサイト」によると、「世界一安全な航空会社」に4年連続選ばれたのがオーストラリアのカンタス航空です。「安全強化と運航の素晴らしさは抜群」

との評価でした。この会社（創立１９２０年）は、ジェット旅客機の運航史上（１９５２年以降）一度も死亡事故を起こしていないという、まさに前人未到の安全記録を更新中だそうですから敬服するばかりです。

この会社の安全施策の中で目にとまったのが「会社憲章」です。ご存じの方も多いかもしれませんが「再び到着しないより、遅れてでも到着する」というような意味合いでした。

実は、昨日夕方大雪の中、地方のモノレールを利用しました。所要時間は平常時の２倍近くかかりましたが、この鉄道会社は、安全・確実な運行に徹底していました。大雪の帰宅時間帯、乗客の誰もが確実に安全に走ってくれれば遅延は、いたしかたないと思いながら車内の超満員を我慢して乗っていたことでしょう。

このとき、カンタス航空を思い出したのです。「再び到着しないよりも遅れてでも必ず到着する」という安全確実運行の精神です。また、カンタス航空は、飛んでいる自社全航空機のエンジン稼働状況を、通信衛星を使って常時監視し、エンジントラブル発生の兆候を事前に見出しているそうです。さすがに世界の安全最優先会社だ、と思います。

◇◇◇◇◇◇◇◇◇◇◇◇◇◇◇◇◇◇◇◇◇◇◇◇◇◇◇◇◇◇◇◇◇◇◇◇

## 51 年には勝てぬ（高齢化時代の安全作業）

65歳以上の高齢者人口が全人口の約28％以上を占めるようになったようで、ますますの高齢化社会です。一方、建設業就業者の年齢構成をみますと「高齢者」層という表現で国連統計に合わせたように「55歳以上を高年齢」としておりますが、この高年齢作業員数も年々増加しており、最新のデータ（２０１５年）によると33・8％以上となっており、今後、ますます増加することでしょう。このような状況下で、一部では建設現場における高齢者雇用の問題が論じられておりますが、「55歳以上の作業員は氏名・年齢と作業に支障ない旨を明記して事前に届け出る」としている企業が多くなりました。

ある独立行政法人の調査データによると（この場合は、60歳以上となってます）、「元請けから、高所作業や安全管理上の問題から60歳以上の作業員は、この現場には入れない」というのが56％もあったと記載されていました。

高齢化社会で働く人を年齢制限することは、問題が大きくなりそうですが、高齢作業者ということで安全管理上の不安が想定される場合は、雇う側、雇われる側、ともに業種・作業内容等を峻別《しゅんべつ》して対応せざるを得ないのではないかと思います。作業者に限りませんが、高齢化とともに心身機能が低下してくることには、逆らえません。加齢による心身機能は、確実に衰え、筋力も身体を支える脚力から次第に衰え始めて腰から手や指に進むといわれます。建設現場に入ると多くの場合高所作業が伴いますが、高所足場上での作業時は階段設置が難しい場合、垂直梯子で昇降しなければならず、握力のおとろえも気になります。とっさの反射運動にも加齢による動作の遅れが危惧されます。歩くときの両足の上げ方も低くなり、ちょっとの段差でも躓きやすく、視力も低下するばかりです。

「何十年も建設現場で働いてきたが、今まで、事故・災害に遭っていない」、「これまで自己流のやり方で問題なかった」、「だから、自分は大丈夫！」この考えは、通用しません。歳相応に「疲れやすくなった」、「判断力も少し鈍ってきたかな？」等々これまでとは何か違う症状（？）が現われているとすれば、高齢化による一種の〝警報〟です。

高齢者の豊富な実践的な知識と苦労を積み重ねてきた経験は、何事にも代えがたい貴重な存在（財産）ではありますが、心身機能が確実に低下していることを、本人はもとより周りを含めて自覚しなければならないのです。また、何よりも家族の安寧を案ずれば、「もう、無茶できない」と考えることではないでしょうか。

「年寄を笑うな、誰もが行く道じゃ」「若者を笑うな、誰もが通って来た道じゃ」という言葉もありますが、育った時代が違うとはいえ、高齢者と若者が強いて言えば、お爺さんと孫みたいな人たちが一緒になって仕事をしていくには、お互いの相当の理解・協力が必要だと思います。ご安全に！

# 第5章

## 災害の芽は、どこにでも潜んでいる

## 52　子は親の鏡（危険感受性を育てる）

ある昼下がりの電車内のことです。車内はガラ空きで、私が座っていた長椅子には、私の他は老婆1人だけでした。対面の長椅子には、はす向かいに若い母親らしい女性が1人と、その端っこでは、4～5歳くらいの男の子が1人で何かを振り回しながら遊んでいます。

しばらくすると、その子供は本を読んでいた私の隣にきて、長椅子の上で飛び跳ねだしました。もちろん靴を履いたままでしたが、弾みで床に転び落ちてしまいました。泣くかと思いましたがすぐ飛び起きて、今度は先ほどまで振り回していたものを取り出すや私に褒めてもらいたいのか、その鎖のようなものを私の顔に触れそうなくらい接近して振り回し始めました。身体に当たると痛そうであり、気になると目が離せないもので、文庫本を閉じて横目で見ていたら右腕に当たってちょっと痛い思いをしました。

大人気ないことかもしれませんが、私はその子をにらみつけましたが止めそうにもありません。「危ないよ！」と言って取り上げようとしたときです。

「○○ちゃん、こっちにおいで」と、はす向かいの女性がその子を呼び寄せたのです。何だ、やはり、母親だったのか、それにしては様子を見ていただろうに何で注意しないのだ。

何で私に「すみません」の一言もないのだ。と今度は母親をにらんでやりましたが母親は黙って知らぬ顔をしていました。

これは、危険の感受性が乏しいのではなくて、単なる人間性の問題かもしれません。私から見れば、この無責任な母親は、自分の子供に対して何が危険かを教えていない。他人に対して、何が迷惑か、迷惑をかけてはいけないかを教えていない。いわゆる〝野放し〟状態です。どう見ても自分さえよければ周りの他人はどうでもいいという図式でした。この母親は、親になる前からお年寄りを無視して「優先席」を堂々と占拠してきたに違いありません。そして、今も。

そこで、この母親を、労働者を雇っている事業者、この子供を労働者として考えてみます。この事業者は労働者に対する安全教育を全くやっていない。安全に関して放任主義でよいはずがなく、労働者の事故・災害が起きてみて初めて〝うろたえ〟こそすれ、適切な再発防止対策は、何もできないでしょう。できるわけがありません。まさに、この事業者こそ安全教育が必要です。危険に対する感受性を磨《みが》いていないと、自分の労働者を一人前に育てることはできません。

また「子は親の背中を見て育つ」と言われるように、親が範を示すようでなければ子は成長過程で間違った方向に走ってしまう可能性が高くなってしまうのではないでしょうか。危険感受性というものは、交通事故に遭遇しないためにも、幼児のうちから育（はぐく）んでもらいたいものだと痛感したものでした。ご安全に！

## 53　情けは人の為ならず

ある工事現場の安全パトロール中のことです。ここは、エンドユーザーの工場新設工事でしたから、土木・建築・空調工事から給・排水設備等々あらゆる業種の設計・施工会社が入っておりました。毎朝の朝礼は、建築ＪＶを軸にした大規模な全体朝礼が終わると、各社分散して、それぞれ元請けごとの朝礼に移って具体的な指示・注意事項を発表していました。

ある日、高層部の工事現場を見終えて建築工事の仮設足場に続く階段を降りているときのことです。３階付近を降りているころだったと思いますが、何気なく地上付近を見下ろすと、構内道路を挟んだ反対側の用地に小さな平屋の設備室か何かが完成間近のようでしたが、その屋上で作業員が一人座って作業しているのが見えたのです。その作業員は、屋根の端っこに座って電線端を加工しているようでした。よく見ると彼の後ろはありません。少しずつ後ずさりしていたのか知らずして、転落寸前のところまで下がっていたのかもしれません。

私は一瞬、「あとがないぞー！」と叫ぼうとしましたが、急遽思い直して止めました。大きな声を掛けて注意をすれば、彼は突然の大声に驚いて、「体勢を崩して、後ろにひっくり返るかもしれない」と考え直したのです。私は、仮設階段を急いで駈け下りました。そして、地上に降りて建物に近づくと、その平屋の建物は高さ３ｍほどでしたが下は舗装道路、落ちた場合は大けが以上となっていたかもしれません。彼から目の届きそうなところまで近づいて、今度は下から見上げて声を掛けました。「後ろがないのは分かっているよね！」と。

若い電気屋さんでした。ちょっと緊張した目で首を振って見ていましたが、振り返ると片手を挙げて苦笑いしました。単独作業であり、熱中していて気がついてなかったと言っていました。あのとき、上部から咄嗟に大声で注意していたら……と胸をなでおろしたものでした。そして、これは他社の作業員に対しての注意でしたが、電気屋さんには礼を言われて気持ちよく別れたものです。

ここで、「情けは人の為ならず」です。人に情けをかけるのは、その人のためになるばかりか、やがては巡り巡って自分に報いが返ってくる。だから、人には親切にするものだという教えです。これは打算的ではありません、「お互いさま」という教えです。しかしながら、このときばかりは、発見してすぐに注意しなくてよかったというレアケースかもしれません。

この事例は、「昨日は人の身、今日は我が身」という諺も合っているかもしれません。人の運命はわからないものだから、危ないと思ったらどんなことでも他人事と思わず、注意したほうがよい、というわけです。

◇◇◇◇◇◇◇◇◇◇◇◇◇◇◇◇◇◇◇◇◇◇◇◇◇

## 54 言語道断（俺一人くらい、ちゃんとしなくても）

今では考えられないような笑い話？ です。ある建設現場で忘年会をやることになりました。参加費用としては、一人当たり、日本酒四合瓶１本と５００円程度の肴を持参することと伝えられました。

土曜日の夕方となり定刻になると、飯場の集会場には各自がそれぞれ何やら抱えこんで楽しそうに、ぞくぞくと集まってきます。参加者たちは、まず、持ってきた〝つまみ〟を幹事に渡すと、あらかじめ用意してあった大鍋に四合瓶から〝ドクドク〟と流し込んで順次席に着きました。やがて全員が揃ったところで、大鍋に火が点《つ》けられて適当に燗《かん》がついたと思われる頃に、杓子《しゃくし》で掬《すく》って湯呑茶碗に注ぎ入れると、手渡しで全員に配りました。行き渡ったところで監督さんのねぎらいの挨拶、そして、幹事の音頭で〝乾杯〟とやって口に持っていったところ、一斉に〝プッ〟と吹き出してしまいました。

「何だこれは？」

皆が口にしたのは酒ではなくて、ほとんど、お湯だったという話です。つまり、「俺一人くらい水を入れて行っても分かるまい」と思った人が、一人だけだったら分からなかったかもしれません。こんなことにならなかったかもしれませんが、「俺一人くらい」と全員が考えて実行したからたまりません。おかげで仲間全員での1年の締めくくりである楽しいはずの忘年会は、〝詰《なじ》り合い〟のとんだ〝酒盛り〟ならぬ〝水盛り〟となってしまったということです。笑ってはおれない話です。

さて、日常の自分たちの現場はどうでしょうか。ゴミの一つくらい捨てたってどうってことないと洟《はな》をかんだ紙屑を手当たり次第に無造作に気安く捨てたり、噛《か》んでいたガムを道路脇やトイレの便器にペッと吐き捨てたり、これが〝俺一人くらい〟の気持ちでやられたらかないません。もってのほかです。

ある工場内の作業現場で、こんな結末の事例もありました。「みんなは、まじめに安全帯を使っているようだが、落ちそうもない場所で安全帯を使う必要もなかろう」と〝決め込んで〟、「俺一人くらいやらなくてもいいだろう」と高所で作業をしていました。ところが、当日、工場では所轄労働基準監督署による立入検査があって、構内道路を査察中にその現場が目についた監督官が、ちょっと立ち寄ったため万事休すです。

〝俺一人くらい〟の安全帯不使用が見つけられて「全員降りてこい」ということになって、職長をつかまえて指摘・指導され、工場の担当者（責任者）まで呼ばれて注意され、あげくのはてには、その小さな会社は「明日から全員こなくてよい！」と厳しく退場させられてしまいました。こういうこともあるのです。じつに、たった一人の不確かな行動（不安全行動）から仲間全員が罰せられる時代です。不安全行動は、たまたま、事故・災害に結びつかなかったとしても、とんだ忘年会どころか、自分たちの仕事がなくなってしまう可能性まで秘めているということです。

◇◇◇◇◇◇◇◇◇◇◇◇◇◇◇◇◇◇◇◇◇◇◇◇◇◇◇◇

## 55　失敗は成功の母（ヒヤリ・ハット）

工場や建設現場ではなくても日常生活のいたるところにおいて、ヒヤッとした、ハットしたという一瞬の〝驚き〟があったが、結果は何事もなく無事済んだということを一度や二度経験された方はたくさんいると思います。ヒヤリ・ハットというのは、結果して事故・災害に至らずに、無事に済んだということですが、それは、じつに、運が良かったということです。ヒヤリ・ハットの事象にいたるまでの経過は、事故・災害に至る経過とほぼ同じであって、運が悪ければ事故・災害に遭遇していた、ということです。

このヒヤリ・ハットまでで済んだ事象というのは、貴重な体験であって、こういう場合は、つぎから気をつけようと体験者だけの反省材料にするだけでは、じつに、もったいないです。体験者はその原因を追究し欠点を反省して、これを周りの仲間に話して、同じような失敗を繰り返さないよう促したほうがいいのです。怖い思いをした体験者は、恥ずかしがらずに堂々と話し、体験談を聞く人たちは、お互いさまの気持ちで決して笑うことなく、真面目に耳を傾けることです。

自分の貴重な体験を周りの仲間に話したり書類（メモ書き）で報告したりすることが、ヒヤリ・ハットの再発防止だけではなく、ひいては、同様の体験から、事故・災害にいたらない歯止めとなるのです。また、これには話し合える、あるいは、抵抗なく報告できる職場環境づくりも必要です。

一般的には、自分の失敗（ミス）談を進んで話す人は少ないかもしれません。それは、みんなに笑われるから、上司からおこられるから、成績に影響するからなど、と正直に話せないような職場であってはならないのです。人は誰でも失敗するのです。失敗しないように気を付けていても、ミスることは誰にでもあることです。したがって〝失敗した貴重な体験〟は、その場限りで自分の中にだけ閉じ込めないで、職場の仲間全員の共有財産として、職場としての再発防止に努めていただきたいと思います。これが次の「成功への母」となるのです。

参考に追記しておきます。現役時代、「ヒヤリ・ハット体験事例募集活動」を行なった際にアンケートをお願いしました。そして、体験したヒヤリ・ハット事象の要因らしきことを思い起こしてもらいました。

①「気がつかなかった」、「見落とした」、「忘れていた」等の「不注意」が20％。

②「安易に考えた」、「危ないと思わなかった」、「大丈夫と思った」等の「過信」が37％。

これらを背後要因として「確認不足」で一括りすると、57％に集約されます。すなわち、極言しますと「ヒヤリ・ハットは、確認の励行で大半を防ぐことが可能である」ということもできます。一人ひとりが確認の励行を徹底することで、事故・災害につなげないようにしましょう。

◇◇◇◇◇◇◇◇◇◇◇◇◇◇◇◇◇◇◇◇◇◇◇◇◇◇◇◇◇◇◇

## 56　急がば回れ

慌てて碌《ろく》なことはない。どちらかというと、あわてて損の場合が多いと思います。あわてるということは心が急いているわけですが、長い人生、何も急ぐことはありません。

車を運転しているとき、道路は渋滞していたが、右折しようとしていた前方交差点の信号が「赤」になった。折よく交差点右手前に道路がある。迂回すれば早く行けそうだ、と急発進して右側の住宅道路に入った。勢いで若干スピードは出ていたが道路は空いている。するど、突然脇道からボールが飛んできた。そして、すぐ後から、子供が飛び出してきたからたまらない。急ブレーキとハンドルを左に切ったところ、そこに建っていた電柱に思いきり衝突してしまいました。ピーポー、ピーポー。あとは想像に任せます。

工事現場でも数多く見られる「急がば回れ」の事例です。

枠組み足場には、しっかりした階段が設けてあったが、作業場所から10m以上も離れていた。下（地上）へ降りるのに階段が遠すぎると感じた彼は、近くの筋交《すじか》いを伝わって降りてしまった。常習犯だった彼は、これまで何度も問題なかったせいか慣れから油断が生じてしまい、ついには枠組み足場の三段目通路（地上高約6m）から墜落してしまったのです。ピーポー、ピーポー。

作業場所（建屋）の前の道路は、他業者が配管のために掘削していました。建屋と掘削堀山（巾約0・8m）の間は、巾1mほどの歩行者通路が確保されていましたが、堀山を横断する仮設通路（橋）は設けてありません。正面に用事がある場合は、10m以上も迂回しないと行けないのです。ということで面倒だからと堀山を跳んで渡る人が多かったようですが、今まで穴に落ちた人はいなかったそうです。

しかしながら失敗する可能性のあることは、いつか必ず失敗するものです。ラクをしようとか、これまで自分を含めて、誰も失敗していないため普通（？）に跳んで渡ろうとして失敗し、ついに深さ2mの穴（堀山）に落ちて大けがとなってしまったのです。堀山は、巾によっては渡る人の身体能力によりますが渡れることもあり、そうでない場合もありますが、土留めはしっかりしていたとしても、道路舗装面の角が沈下して欠け落ちて、跳ぶ前に足元を取られる可能性もありますので、まず、近道行為をしないことです。このように、近道すると道は遠くなるばかりです。

急ぐときほど丁寧な仕事をしなさい、急ぐときほど危険な近道を避けて、回り道になっても安全なルートを選んだ方が、結局は早く到着するよ、ということです。

急がば回れ。ご安全に！

◇◇◇◇◇◇◇◇◇◇◇◇◇◇◇◇◇◇◇◇◇◇◇◇◇◇◇◇◇◇◇◇◇◇◇◇◇◇◇◇◇◇◇

## 57　のど元過ぎれば熱さ忘れる

熱い湯豆腐を食べながらの冷酒は、じつに美味いものです。熱いのはわかっていて、用心しながら口に入れたはいいが、どうにも熱くて目を白黒させながら飲み込んでしまいます。そして、冷たい冷酒、これがたまらないですね。あれほど熱くて大騒ぎしたのに、また、すくい取って箸を出す。たった今、のどは火傷しそうな驚きだったのに、その熱さを決して忘れたわけではないけれども美味い味の記憶の方が勝っているのかもしれません。これが「喉元すぎれば……」です。

こちら建設現場。掘削中の開口部を跳び越えて近道しようとしましたが、越えることが出来ずに、堀穴に落ちて足首を捻挫してしまいました。4～5日経つとなおってきたので、現場に出ましたが、こりずに、また、開口部を跳び越えようとして落ちてしまい、今度は骨折で、全治1カ月の重傷となりました。

ある人は、資材置き場で管材をまたいで通過しようと（近道行為）したところ、思うように足が上がらず、管材に乗り上げて転んでしまいました。翌日、また、いつもの〝くせ〟で資機材をまたいで通ろうとしたけど同じように足を滑らせて転倒し、今度は、手首を骨折してしまいました。つぎは、どこを怪我すれば近道行為をやめるのでしょうか。イヤというほど痛い目に遭っても、どうして渡れなかったのかなあと考えただけでしょうか。同じミスは、2度と繰り返すまいと考えた人もいるでしょうか。

それでも、ときがたつと忘れてしまって、あるいは、「面倒くさい」で片づけてしまって、同じ過ちを何度も繰り返していくのです。〝懲りない〟悪い性分をいい加減に改善しないと、命はいくつあっても足らないということになります。

逆の諺で、「羹《あつもの》に懲《こ》りて、膾《なます》を吹く」というのがありますが、これは「熱いものを一度口に入れて、口の中を焼いてしまって懲りてからというものは、冷たいなますを見ても恐怖心から、これを口で吹き冷まそうとする」という、あまりにも用心深くなったというこっけいな話です。これほど極端に変わるのも如何なものかと考えますが、安全対策は二重、三重でもやり過ぎということはないです。
いずれにせよ、喉元を過ぎないうちに、熱かったことを思い出して、自分だけでなく、周りの仲間も同じようなミスを起こさないように互いに注意し合いたいものです。

◇◇◇◇◇◇◇◇◇◇◇◇◇◇◇◇◇◇◇◇◇◇◇◇◇◇◇◇

## 58　刀折れ矢尽きる（仕事熱中症）

暑い中、毎日ご苦労さまです！　暑い中で安全作業してくれというのは、じつに酷な話ではありますが、建設現場ではある程度やむを得ない、やらざるを得ない場合が多いかと思います。しかしながら、どんなに暑くても寒くても、作業時間が迫っているとしても、まず、自分の安全確保が最優先であることを忘れてはなりません。これは極く当たり前のことですが、仕事熱中のあまりに自分を忘れているかと思う場面がありますので要注意です。

暑い日が続いて熱中症が猛威をふるって、全国で、すでに、１００名ばかり亡くなったとか、熱中症対策は大いに必要ですが、「仕事熱中症」にも十分気をつける必要があるということです。責任を感じて、あるいは、あと少しで終わるからやってしまおうと仕事に埋没しないことです。仲間が頑張っているのに、自分だけ休むわけにはいかないと遠慮しないことです。それには、まず、遠慮しない適度の休憩です。早めの給水、早めの休憩が必要です。

がまんにも限度があります。忍耐は美徳などといっている場合ではありません。暑すぎるとか自分の疲労はピークに達していると感じた場合は、遠慮は不要です。休憩時間となるまで、がまんしようと遠慮して頑張ったばかりに作業中に倒れるとか、休憩所にたどり着いた途端に倒れるというケースが多発しているのです。あるいはまた、仕事が何とか無事終えてやっと帰途に就くことができたと思ったところ、帰り道の車運転中に意識がもうろうとしてきて交通事故を起こしてしまう。あるいはまた、何か様子がおかしいようだから病院に立ち寄って診てもらおうかなと病院に向かっている途中で、交通事故というケースも起きております。

「ちょっと我慢すれば何とかなるだろう」と頑張って無事作業終了したことがあったとしても、〝無理が通れば道理〟にはならない。危ない橋を渡らないことです。

とくに、共同作業の場合は、「自分だけ抜けるわけにはいかない」というような我慢は、禁物です。周りに迷惑かけるからとか、あと少しで終わるからと遠慮して、がまんしたばかりに、結果的には周りには必要以上の多大な迷惑をかけることにもなってしまうことを忘れてはなりません。

自分は本当に大丈夫か？　仕事熱中のあまり、我を忘れていないか。刀が折れて矢も尽き果てることはないか。暑ければ暑いほど丁寧・確実な「一人ＫＹ」を作業中に、何回も、実施して安全を確保することです。そして、繰り返しになりますが、自分の安全を確保したら一息入れて、周りの仲間は大丈夫か、お互いに目配り気配りし合うことが、この時期はとくに大切なことです。ご安全に！

◇◇◇◇◇◇◇◇◇◇◇◇◇◇◇◇◇◇◇◇◇◇

## 59　雨降って地固まる（医療機関の安全・安心）

みなさん方もしっかりと記憶にあると思います。もう20年近く昔のことになりますが、医療ミスで忘れられないのは、Ｙ市立大学病院の付属病院で起きた〝手術患者取り違え事件〟のことです。ともに高齢者であった心臓手術と肺の手術患者二人を、それぞれストレッチャーに乗せて病室から手術室まで「一人の看護師が搬送」しました。

ミスは、ここから始まっております。また、手術室に入るときに受け取る側の看護師・医師等による「本人確認も十分に行なわれない」まま、手術は、順調（?）にいや、誤ったまま進んでしまいました。この事件は、手術を受けられた、お二人の方々はもちろんのこと、この情報を見聞きした我々にとっても、まれに見る大変ショッキングな、あってはならない事故事例でありました。

医療事故報告は、義務付けられている病院（国立病院等）と任意でよい病院にわけられているようですが、日本医療機能評価機構の発表によると、2015年の医療事故件数は、「義務」で、3374件、「任意」で、280件であり、合わせて3654件。これは、2年連続で前年の最高記録を更新してしまっております。医療事故をなくしていくためには、関係各所では多面にわたって、工夫・改善に努力されていることと思いますが、なお一層日々の教育・研修を重ねてもらいたいものです。

16年以上前の昔話で恐縮ではありますが、少し紹介したいと思います。ある総合病院で医療ミスを連想するようなトラブル（?）事例がありました。定期の受診が終わって院内の薬剤部から処方された常備薬を受け取る際に名前を呼ばれたので薬袋を受け取ってみると、他人の名前でした。渡した薬剤師と思われる人に、「私のではないよ」と突き返したところ、「済みません」と言って、私の名前が記載された袋を渡してくれました。

私は、受け取ったその場で、念のために中身を確認しましたところ、従来の薬とパッケージの色合いが違っています。今回から、薬を替えたのかなあ？　と処方箋を取り出してみたところ、なんと私への処方ではない！　すぐに、再度薬剤師を呼び出して間違いを指摘しました。「医療ミスにつながるインシデントだ、再発防止を考えてくれ」と強く要請しました。それだけでなく、院内で制度化されていた「院長への直行便」という病院長への「直訴（？）便」を初めて活用して、院長にも改善策を求めました。すると、院長直筆の丁寧な返事が届いて改善策を検討する意向を示されました。そしてほどなく、薬剤部から患者へ渡す際の間違いを生じない、目に見える改善策を実施するようになったのです。

調剤室でどのようなチェックをやるようになったかまでは見えませんが、私が注意喚起したことを機に、納得できる改善をされて一歩前進したことはいいことをしたと思ったものでした。

雨降って地固まるです。当院内の他の部門にも、有効に転活用されていることを、そして、医療ミス防止にも少なからず役立っていることを祈念しながら帰途についたのでした。ご安全に！

◇◇◇◇◇◇◇◇◇◇◇◇◇◇◇◇◇◇◇◇◇◇◇◇◇◇◇◇◇◇

## 60　年寄の冷や水

若い女の子が電車内で人目も憚《はばか》らずに化粧している情景をよく見かけます。それも女子高生が〝優先席〟2人分の席を堂々と使って一生懸命に〝壁塗り〟している風景を見ると悲惨ささえ覚えます。耳たぶにリングどころか、先日は牛ではあるまいに鼻にリングの男子学生らしき若者が仲間と談笑していました。セーラ服に茶髪や口紅も似合わない。なげかわしくなるばかりか、世は世紀末かと考えてしまいます。

しかし、彼らに容易に注意しようものなら、「セクハラ」、「痴漢」呼ばわりされるか、暴力のお返しが待っているかもしれませんし、注意するだけでストレスが溜まる一方となりそうですから、過ぎ行く窓の外の風景を眺めて気分転換するしかありませんでした。しかしながら、このままでよいわけがありません。

一方、子育ては親の責任ですが、責任は学校にあるように考えている若い母親が増えているようで困ったものです。もう4年ほど前になりますか、全国公立小・中学校の給食費未納額の合計が22億円という報道がありました。現在は、どのような金額になっているかわかりません。子供がお世話になっていながら、給食代を持たせない親の神経がわかりません。自分の子供が周りのみんなと一緒にどんな思いで食べているのか、どれだけつらい思いをしながら、恥を忍んで給食しているのかを親は何も気づいていないのでしょうか。全く不思議でなりません。気づいていようがいまいが、保護者としての責任感や規範意識の大いなる欠如であります。だからといって、未納の子に給食しないわけにはいかないと思いますが、これほど跋扈《ばっこ》する親の責任は重いと思います。

この傍若無人の親に野放しで育てられた（？）子供が大人になると、いわゆる〝常識のない大人〟ができ上がって、この子らがまた世を乱してしまうのではないかと余計な心配が増えます。

このような世間知らずの子供たちが、働く年代となって建設現場に入ってくるとなると、一体どうなるのでしょうか。このまま現場に入れるわけにはいきませんが。これら若者たちには、世の中を生きていくための最低限のルールというものから、しっかりと教え込まなければなりません。人間としての、きちんとした共同生活の営み方を、そして、仲間と一緒に仕事をやっていく上での協調性なくしては生きていけないということから、しっかりと教えなければなりません。

協調性って何ですか？　何のために誰のために必要なんですか？　とか聞かれるかもしれません。「もし事故になっても痛いのは自分だから、ルール守らなくてもいいんじゃないですか？」とでも言うのでしょうか。安全確保のルールについての説明は、〝人間としての基礎〟ができてからということになるかもしれません。これは容易なことではないですね。

〝年寄の冷や水〟とは「高齢のことを考えないで、差し出たお節介をすること」とありますが、お節介が必要な世の中になっているのではないでしょうか。誰かがしなければならないようです。誰かが。

◇◇◇◇◇◇◇◇◇◇◇◇◇◇◇◇◇◇◇◇◇◇◇◇◇◇◇◇◇◇◇◇◇◇◇◇◇◇◇◇◇◇◇◇◇◇◇◇◇◇◇◇◇◇◇◇◇◇

## 61　老婆心ながら

注意を喚起する表示札の中で「高所作業注意」というのがあります。だから、何だと言いたくなる人がいるかもしれませんね。「間違って何かが落ちてくるかもしれませんので、上をよく見ながら注意してお通りください」と言いたいのだと思います。確かに、下を通行する人や車は標識が目につけば、上部では一体何をやっているのだろうと好奇心？で見上げるかもしれません。そして、かりに何かが落下してきた場合には、すぐ気が付いて、とっさに落下物を避けることができるかもしれません。

しかし、標識に気付かずに、上部の作業等にも気がつかずに通過しようとして突然の落下物から退避できずに被災することもあるのです。施工会社にしてみれば、下を通る人や車が気が付いてくれることを期待しての対策（標識）かもしれませんが、これでは他人任せの対策です。

作業場所にもよるかもしれませんが、抜本的には上部作業現場の下部（地上）を作業区画して交通誘導員を配置して通行者を安全に誘導する必要があります。場合によっては、深夜の全面交通止めでの作業でしょう。

ビル建設中の脇道で見かける「頭上注意」も同じです。回り道がなければ、急いで通り抜けるしかありませんが大丈夫でしょうか。上部の工事現場から、万一資機材等の飛来落下物を落とした場合、地上の通行人等に危害を加えないようにと鋼材を主要部材とした「朝顔」という防護棚（受棚）を設置したりしますが、これを飛び越えて、あるいは、突き破って落下することも十分に考えられます。注意だけでは済まない場合もあるのです。

「落石注意」も同じです。山間部を歩いている、あるいは、林道を車で走っていると、時折「落石注意」の立て看板に出会うことがありますが、山の管理者は、「石が落ちてきて大怪我する可能性がありますよ」と言いたいのでしょうが、けが人が出る前に、落石しないような抜本的対策を講じてくださいと言いたいですね。全く無責任な看板です。

上から目線と言う言葉がありますが、まさに上から見下ろして「注意しろ！」と命令しているように誤解されそうです。ここは、通行者の立場にたっての十分な対策・対応が必要と思われます。老婆心ながら意見させていただきました。

◇◇◇◇◇◇◇◇◇◇◇◇◇◇◇◇◇◇◇◇◇◇

## 62　草履履き際で仕損じる

長年の懸案だった大きな商談が成立して喜び勇んだ営業部長（着物に草履が正装の時代の話）、玄関先で草履を履こうとしたけれど、喜びの興奮冷めやらず、草履がうまく履けません。急いで出ようとしたら、草履の鼻緒に足が引っ掛かってそのまま転倒し、玄関下駄箱の上に飾ってあった客先の大事な花瓶を壊してしまいました。すると、主人には激怒され、これまでの成果どころか新しい契約も反故《ほご》にされてしまったというものです。

「磯際で船を破る」と同義語ですが、達成直前は気がゆるみがちで、失敗しやすいものです。喜び勇んで興奮するのも考えものです。

たとえば、こんな話もあります。既設設備の改修工事、既設を活かしたまま、すぐそばで、新規設備を設置し、夜中の短時間で新旧切り替え工事を行なうというものでした。作業場所は、軌道敷き上部（高所）の狭隘な作業スペースで、終電車通過後、始発電車が走る前までに終わらせるという作業環境の極めて悪い中での作業でしたが、ここまで順調に安全施工してきたので、切替えを無事終えたら請負会社を表彰しようということになりました。

そして、新旧切り替え作業当日の作業終了間際です。リード線のつなぎこみ時に、落としそうになった1個のボルトに手を伸ばして、身体のバランスを崩した一人の作業員が約６ｍ下の軌道敷きに墜落してしまったのです。請負会社は、表彰どころでありません。

まさに、草履履き際に仕損じてしまいました。しばらく、指名停止となってしまいました。このようなことにならないように何事も「下駄を履くまで分からない」と油断しないことです。

◇◇◇◇◇◇◇◇◇◇◇◇◇◇◇◇◇◇◇◇◇◇◇◇◇◇◇◇◇◇◇◇◇◇◇◇◇◇◇◇

## 63　災害は忘れた頃に（油断大敵）

大きな災害が発生すると、「天災は忘れた頃にやってくる」という言葉がよく使われます。寺田寅彦が遺した有名な言葉でありますが、過去の惨禍を決して忘れることなく、普段から備えを怠らないということです。

昔起きた、大事故・事件、あるいは、大災害に限りませんが、自分自身やその周囲で起きた苦い経験とかヒヤリハット、あるいは、被災した小事故等が少なからずあると思います。これらを忘れない、忘れてはならない、ということです。この〝忘れた頃〟の頃合いとは、災害が起きやすい人的・物的条件が整っていることを「誰も気がつかないでいるとき」ということになります。

忘れた頃とは、つまり心に隙《すき》ができたときであり、天災（災害）は、その隙をねらって襲撃してくる。しかし、災害は、何も好き好んで自分からやってくるわけではありません。それは、我々が条件をととのえて、わざわざ〝引き寄せている〟だけに過ぎないのです。

すなわち「天災は忘れた頃にやってくる」と言いますが、前述の起きやすい条件を揃えないこと、そのためには、過去の事例を忘れることなく、再発防止の具体的対策を一人ひとりが実践することにほかなりません。

徒然草に「高名の木登り」という話があります。樹木の枝の伐採作業において作業者は、高いところでは落ちないようにと注意力を懸命にふりしぼって作業しているので落ちる可能性は少ないし、監督者もさほど注意する必要もありません。

しかし、仕事がはかどって、低いところでの最後の一枝を切り落とすころになると作業者は、「あと、これでおしまいだ」と安堵感に陥って、心に隙ができる訳です。

これまでも条件が出揃ったころに事故・災害が数多く起きているということを、当人は、すっかり忘れているかもしれないのです。そこで、監督は機を逸することなく、待ち構えていたかのように、「気をつけろよ！」と一声かける行動に出たというわけであります。

労働災害の悪魔は、準備段階や作業の取っ掛かりの時間帯、そして、休憩時間や作業終了時間が近づくころを好んで襲撃してくる傾向にあります。それは、いわゆる「心の隙（すき）が芽を出してくるころ」ということになります。いかなるときも、油断禁物でありますが、心のすき（油断）が芽生えてきていることに早く気が付いて、もう一度〝ふんどし〟を締め直すことが肝要です。

災害は忘れたころにやってきます。油断大敵、油断禁物です。

◇◇◇◇◇◇◇◇◇◇◇◇◇◇◇◇◇◇◇◇◇◇◇◇◇◇◇◇◇◇

## 64　泳ぎ上手は川で死ぬ（慣れは怖い）

長年、同じような仕事をやっていると、作業手順は頭の中に十分に入っているし、作業の急所も安全のポイントも十分にわかっている。正しい設計図面を手渡されて、いつまでにと指示され、材料さえ渡してもらえば慣れたもので、ちゃんと期日（時間）までに指示されたとおりに仕上げることができる。

したがって、作業指示した者もいつものように安心して任せることができる。これがベテランならではといったところですが、この〝慣れ〟が、ときには仕事を邪魔することがありますので注意が必要です。どんなベテランといえども、作業場所が変わったりすると必ずしも順調にばかりいくとは限りません。

とくに、既設設備にからむ作業では作業内容が設計図にうまく反映されておれば問題ないでしょうが、そうでない場合にはベテランの勘も動作も鈍《にぶ》ってくることがあるのです。それが、思い込み・錯覚・過信に進展して、ついには、「うっかり」とか「ポカミス」の可能性が生じてくるので恐ろしい結末が懸念されます。恐ろしや、慣れにばかりたよっていると、油断ならない事態を招くことにもなりかねないということです。

あの人に、あの先輩に任せておけば安心、と誰もが思っている。今日も、また、いつの間にか無事作業を終了して何事もなかったかのように一服している。しかしながら、どんなベテランであっても、今日は大丈夫でも、明日はどうなるか、誰にもわからないのが現実です。

ベテランは、特別な注意を払わなくても仕事を円滑に進めることができます。目的もやり方もよくわかっているため、結論に向かって自動的（？）に一人で作業を進めることができるのです。しかし、その手順は自己流になりやすいという〝落とし穴〟が生じる可能性を秘めております。

いつもの習慣に引かれて判断を誤ったり、手順の間違いや脱落からミスを生じやすくなっていることに気がつかないのです。慣れによる確認不足の生じやすいことが、懸念材料となってきます。したがって、ベテランこそ決められた作業手順に素直にしたがって安全行動しなければならないと思います。

河童の川流れではありませんが、泳ぎ上手は川で死ぬこともあるということです。そして、このベテランが安全作業の模範的存在を兼ね備えるとなると、いよいよ〝匠〟です。ご安全に！

## 65　口は閉じておけ、目は開けておけ

私は、陽気というほどではないのですが、どちらかというと、「明るく振る舞う」方かもしれません。よく仲間と麻雀を楽しみますが、競技中も「よくしゃべる」、「しゃべり過ぎ」とか、「しゃべっている内容から、作戦が見えてくる」とまで言われたこともあります。私は、遊びも明るく楽しくやりたいので、つい賑やかになるのかもしれませんが、勝負上で作戦的に余計なことを口に出しているわけではないつもりです。

しかし、ゲーム中にしゃべり過ぎて、チョンボしたこともありました（反省）。また、「口が軽い」のとは、ちょっと違っており、私は「口が堅い」で通っているつもりですから念のため。

ここで、本論です。「口は閉じておけ、目は開けておけ」ですが、これは、余計なことをしゃべらずに、物事はしっかりと見なさい。自分の考えや感情をおさえて、周囲の状況や相手の意見をよく聞いて判断することが大切ということです。

言いたいことは、作業中に、あるいは、仕事に熱中しなければならないときに、仕事以外のことをべらべらしゃべるなということ、つまり、これが無駄話ということになりますが、仕事以外のことをしゃべっていると、集中力が落ちてミスを生じやすい（前述のチョ

ンボ)、あるいは、思わぬ災害に見舞われてしまうということです。したがって、仕事(作業)中は、仕事に関する話以外はしゃべらずに、目をしっかり開けて、自分の周りをしっかりと見て、確認して行動しなさいということです。

ちなみに、「口は災いのもと」という諺もあります。不用意な発言は、自分自身に災いを招く結果になるから慎むべきであるという戒めです。「沈黙は金」というのもありますね。一つの意見を持てば(口から出せば)、必ずと言っていいほど対立する意見が出てくるので、無駄な争いのもととなるということです。

◇◇◇◇◇◇◇◇◇◇◇◇◇◇◇◇◇◇◇◇◇◇◇◇◇◇◇◇◇◇◇

しかしながら、善悪についてだけは何も引き下がることはありません。「良いことは良い、悪いものは悪い」と、上下に関係なく、はっきり言うべきだと私は思います。これだけは、ちょっと古いかもしれませんが、「男は黙ってサッポロビール」というわけにはいきません。

## 66　我が身をつねって人の痛さを知れ（自転車事故）

自転車は、気軽な乗り物ですが、間違った乗り方をしていると、とんでもない事故に遭遇して命を落とすか、大変な後遺症を残すことになります。

あるいは、また、自転車で走っていた自分がまさかの、多額の賠償額を伴う思わぬ大事故を起こす加害者となることが十分にありますので、その乗り方には、大人も子供も十分に気をつける必要があります。

最近の多額の賠償事例によりますと、たとえば、次のようなものがあります。

①対向車線を20代男性の自転車が直進してきているのに、高校生の自転車が車道を斜め横断して突っ切ろうとしたので、正面衝突して相手は言語障害となってしまった。

②片手にペットボトルを持って坂道を急スピードで下ってきたところ、横断歩道を横断中の女性に激突し、脳挫傷で死亡させてしまった。

③交差点の赤信号を無視して突入したところ、横断中の女性に激突、頭蓋内損傷で死亡。

④小学生がお年寄りに正面衝突して頭蓋骨骨折させた。

これらは、自転車で重大な加害者となった事例です。すべて莫大な賠償金が伴っております。

はっきり言って、私が見る限り自転車に乗っている大半の人は、道路を「わが物顔」で走っているようです。自転車は、本来「車両」であることを知らないで乗っている人が多いのではないかと思います。基本的には車道を走らなければならないのに、狭い歩道をスイスイと、そして、歩行者を追い越すときは、ほとんどの人が警笛も鳴らさずにスーッと追い越して行きます。そのたびにひゃっとすることばかりです。

とくに、歩車道の区別がない道路では右側を走ったり、右から左、左から右へと車線変更する場合は、ちょっと振り返る人を含めてほとんどの人が後方確認しないで斜め横断、それも車の運転席から見ていると、突然の車線変更ですから極めて危ないですね。

また、自転車に乗っている人は、違反や事故時の罰金刑を含めて道路交通規制法（道交法）を知らない人が多いのではないかと思います。

平成27年には、道交法違反を2回以上繰り返した人には、「自転車運転講習」が義務付られましたが、もともと、自転車は車両等に分類されるのですから、あらかじめ道交法をしっかりと勉強して受講終了し、「自転車使用許可書」（仮称）を取得した人しか乗れないように法制化することも必要かもしれません。

とくに、自転車通学に慣れない、中高校の一年生に違反や事故が多いというデータもありますので、自転車通学を認めている学校で「自転車安全運転」の特別講習を実施していない学校があるとすれば、ぜひ考えて実施していただきたいと思います。

このような無謀運転の自転車に対して、車両ドライバーは自衛運転が必要となります。たとえば、前方に自転車を発見したら（突然の車線変更を予測して）徐行です。そして、追い越しする場合は、十分な間隔確保と徐行です。夜間走行時には、無灯火自転車を見落とししないよう十分な注意が必要です。

また、路上でドアを開ける場合は（とくに夜間は）、後方確認の徹底必須です。

「わが身をつねって人の痛さを知れ」つまり、人の痛みや苦しみを自分自身の痛みに置き換えて相手を思いやることが大事、自分がされて嫌なことは、人にもするな、ということです。

自転車愛好家の人たちには、「安全走行ルール（道交法）」をおさらいしてもらいたいし、子供さんが乗っている場合は、保護者の方がしっかりと教えられるようお願いします。

そして、ドライバーの方たちは、「自転車を見たら常に〝事故回避〟を考えて走る」ことに努めましょう。ご安全に！

◇◇◇◇◇◇◇◇◇◇◇◇◇◇◇◇◇◇◇◇◇◇◇

## 67　柳の下にいつもどじょうはいない（偶然の幸運）

2〜3年前になりますか、JR北海道で脱線事故が続けて起きました。特急電車脱線転覆や貨物列車の脱線と、連続して起きたので捜査当局が調べてみると、各所で線路の点検データの〝改ざん〟が日常化していたことが明るみに出ました。

JR北海道の線路保守事業所、全44カ所のうち33カ所（75％）が改ざん、しかも、社員800名のうち、約130名（16％）が不正に関与したというのにはあきれてしまいました。じっさいに点検して得た貴重なデータは、補修を要する数値だったということから、補修しないで済む数値に改ざんすることに何の疑いもなく、事故を想定することもなく、会社ぐるみで改ざんしていたというから驚きであり、言葉もありません。

これが大勢の人の命をあずかる鉄道会社が長年にわたって、組織ぐるみで平然とやっていたというのですから、全く考えられないことであり、決して許せることではありません。これは、このやり方で長年やってきたが、今まで事故は起きていないということで、これからも「大丈夫だろう」とまさに、「だろう運転」をしていたという、とんでもない恐ろしい出来事でした。

この事件を某新聞がうまい表現をしていました。「偶然の幸運に味をしめて間違ったやり方が日常化していた」と。正に〝柳の下にいつもどじょうはいない〟であります。一度うまくいったからといって、いつも同じようにうまくいくわけがありません。これまで事故が起きてなかったのは〝たまたま〟運が良かったのかもしれないし、これを事故が起きるまで誰も正さなかったというから驚きというか、じつに情けないと思いました。

関与しなかった、約670名（84％）の社員の中に、この不正を知っていた人が何名いたかわかりませんが、組織（上司）に対して正論を訴える人は一人もいなかったのでしょうか。正義感のある人は、あるいは、勇気ある人は一人もいなかったのでしょうか。実にさみしい限りです。いつも言っていることですが、〝たまたま〟は、いつまでも続きません。事故・災害が起きるようなことを続けていれば、いつか、必ず悪い結果が出るということをJR北海道が証明してくれた、という有難い（？）話でもあります。

そもそも、安全確保を「偶然」に頼ること自体がおかしいのです。

わかりやすい例が飲酒運転です。酒を飲んで車を運転したり、赤信号で交差点を突っ切るような暴走運転して死なないのは、たまたま命拾いしているだけです。まさに偶然ですが、事故が起きて〝必然〟です。うなぎが獲れた偶然の幸運は何度もあるものではないということです。

◇◇◇◇◇◇◇◇◇◇◇◇◇◇◇◇◇◇◇◇◇◇◇◇◇◇◇◇◇

## 68　近くて見えぬは自分の睫毛

「どうですか、何か変わったことありますか？」といつものパターンです。掛かりつけの病院に常備薬受領を兼ねて、2カ月に1回の健康診断に出掛けたときの主治医の話です。考えたあげくに呼びかけに応えました。

「じつは、思えば半年も前からですが」と前置きしながら、「出勤の早朝、バス停まで向かうときに、急ぎ足で歩き出して、1～2分もすると胸が苦しい感じになります。

これがいわゆる、高齢化による、動悸・息切れの類かな？　と考えながら立ち止まって一呼吸していると、痛み（？）が治まりました。ゆっくり歩き出すと、いつの間にか息苦しさも消えてバスに乗るころにはすっかり忘れてしまっています」と言うと、主治医は「半年も前ということは、これまでに症状を話す機会が2～3回くらいあったはずです。

そんな重要なことをどうして、今まで言わなかったのですか！」と叱られてしまいました。これは、自分の身体のことであって、謝る必要はなかったのかもしれませんが、すかさず「すみません」の言葉が出てしまいました。

「そんな症状が出ているということは、一度循環器科で診てもらった方がいい」主治医の言葉が続きますが、自分の健康管理上、いつもと違う異変（症状）が出ているのになぜ放っているのかと説教され、反省しながら自分の仕事のことを考えたものでした（ちなみに検査結果は、このまま放っておくと1～2カ月で心筋梗塞になるところ、つまり、狭心症だったということですが、冠動脈3本のうち2本にステント留置術を施してことなきをえました）。

我々の現場においては、たとえば、安全帯は確実に使用しているかとか巡回して、不安全行動を発見すれば、その場で注意しておりますが、注意される側からすれば、安全行動から逸脱した、自分の不安全行動に、全く気がついていない場合があるとか、あるいは、ちょっとだからいいだろうとか、これくらい大丈夫だろうと安易な考えで意識的に不安全行動をしていないかということです。

安全は、他人から注意されて確保するものではありません。他人から注意されないように安全行動するわけでもないですね。また、注意されて「すみません」と謝るものでもありません。自分の身体の異変や安全行動・状態の良否は、まず、自分で気が付かなければならないのです。自分の安全は、自分で確保すると言っている自分自身が大いに反省させられたものでした。自分自身のことがよくわかっていない、〝近くて見えぬは自分の睫毛〟では済まないのです。

◇◇◇◇◇◇◇◇◇◇◇◇◇◇◇◇◇◇◇◇◇◇◇◇◇◇◇◇◇◇◇◇◇◇◇◇◇◇◇◇

## 69　無くて七癖《ななくせ》

これは、その昔、成人病と言われてきた「生活習慣病」のことではなく、日常の生活パターンが習慣化して、すっかり身についてしまった生活行動から生ずる話です。

**(例示1)　私がよくやってしまう事例**

昨日の夕刊で、「明日は新聞休刊日」と確認したつもりでしたが、翌朝起きて洗顔したあと、いつものパターンで玄関扉を開けて新聞受けの蓋を開けて（あるいは、開ける直前に）「そうだ、今日は、休刊日だったなあ」と気がつきます。寒い朝など余計な行動でした。

また、雨の日には傘をさして下駄をつっかけて取りに行き、「またやってしまった」と反省しては引き返します。これは、ボケではないそうですが、つぎの休刊日に、またやってしまうと自分の年齢を感じるものです。

**(例示2)　会社でのこと**

久しぶりに、あるいは、初めて席替えを行なうとなおさらですが、朝の出勤時や仕事の途中でトイレに立ってもどってくるときなどは、もと座っていた座席へ行ってしまうこともありました。

これもボケているわけではありませんが、会社を退職したのに、朝起きると鞄を持って会社に出掛けそうになる人がいるとしたら、これは病院で一度診てもらった方がいいかもしれません。

**（例示3）車の運転で**

自動車、とくに乗用車のギアは、オートマが標準装備になっていると思いますが、オートマが出始めたころは、慣れないために、たとえば、急ブレーキを踏むときなどマニュアル車のつもりで操作しようとする左手が宙に浮いてしまうことがありました。

最近でも、レンタカーに乗るとき、マニュアル車だった場合の走り始めは同様の行動となりがちです。習慣とは恐ろしいものです。

**（従来の習慣で行動しようとするエラーの要因）**

まず、「いつもどおりだと思った」、「無意識で行動した」もあるかもしれません。「何も考えなかった」、「他のことを考えていた」があります。「身体が自然と動いてしまった」と考えて不安全行動を思い出しました。

工事現場の作業区画のコーンバーを平気で跨《また》いで通っているのを見かけることがあります。転倒事故を起こすまで無意識の行動（悪い癖）が習慣化しているのかもしれません。転倒して膝（ひざ）の皿（膝蓋骨）を割った事例もあるのです。習慣からくるエラー要因は、ボンヤリ・無意識・憶測・思い込み・省略行為等であって、ヒューマンエラーの典型ですが、「習慣病」を災いの元としてはなりません。

**（対策）**

慣れから生まれるマンネリや省略化をなくして、考えて（意識して）行動するくせをつけることです。一つの手法としては「指差呼称」による確認です。専門家の話によると、「仕事にかかるかかる前に大きく深呼吸することで、酸素を補給して筋肉をリラックスさせて緊張を取り去り、冷静な判断ができるようになる」と言うことです。実行しましょう。

◇◇◇◇◇◇◇◇◇◇◇◇◇◇◇◇◇◇◇◇◇◇◇◇◇◇◇◇◇◇◇◇◇◇◇◇◇

## 70　命あっての物種（災害発生の不思議）

災害は、必然的に起きております。すなわち、起きるべくして起きるのが一般的です。しかし、これも偶然ではないでしょうが、統計的には、つぎのような、いくつかの不思議な傾向が見受けられますので、しっかりと再確認して頭に入れておいてもらいたいと思います。

**（1）現場に入って1週間以内に多発している**

（平成22～26年：国交省直轄工事データ参考）

①入場初日の被災が突出している（死傷者全体の3割弱）。

②全体の6割弱が入場1週間で被災している。

③残りの4割強は、1カ月以内の被災となっている。

＊このデータは、例年の建設現場全体とほぼ同じ傾向です。新しい現場（環境）に慣れるまでは、ベテランといえども慎重な行動が必要です。現場の周囲状況をよく見て、話（説明）をよく聞いて、納得してから着手する（させる）ことが肝要です。

**（2）「準備作業」、「後片付け作業」で多発して被災している。**

とくに、事前の安全対策を講ずるような作業で被災しているのが目立つ。

①道路上での夜間工事。明かりとりの準備作業と並行して、暗闇の中で行なっていた作業帯設置や器材荷降ろし作業中に通行車両が飛び込んで交通事故。

②電柱の分電箱から電源線を引き出す際に、脚立を支える人がいなくて転倒。

③移動用発電機のケーブル引出端子部で、感電防止のために絶縁テープで被覆しようと電源ＯＮのまま作業して感電。

④仮設足場組立中に、仮締めしてあった単管に掛けていた安全帯のフックが抜けて墜落。

⑤現場事務所から作業現場まで、高所作業車を構内道路移動中に、架空横断していたケーブルラック等に激突して設備損壊事故。

⑥後片付け時間となって、仮設足場上にあったＵボルト等の残材を地上に居た同僚に投げ渡そうとしたところ、受け取りに失敗した同僚が目を損傷等々。

＊「段取り八分《はちぶ》」という言葉があります。「段取りをキッチリやっておけば８割方終わったも同然」という意味です。準備作業というのは一見軽く見られがちですが、これは立派な仕事の一部であって重要な作業です。「今回（あるいは、今日）の仕事が成功するか否か成否の８割は準備で決まる」と言っても過言ではないということです。このあとに「仕

上げは二分《にぶ》」と続きますが、段取り段階から慎重に行動しましょう。

後片付け時は、ホッと一息して気が緩み緊張感が抜けがちですが「十里の道も九里で半分」の気持ち（緊張）の持続が必要です。また、後片付け時間帯は、大体において夕暮れどきです。明かりとりを省略しての薄暮状態での片付け作業となりがちになり、周囲に対する細心の注意が必要となります。

**（3）立入禁止（表示）区域に勝手に入って被災する。**

たとえば、客先の事務所棟内や工場構内等で作業する場合には、どこかに「関係者以外の立入禁止」という表示札を見かけることがあると思います。文字通り「立入禁止」です。たとえ、鍵が掛かってなかったとしても部外者は入ってはいけないのです。どんな危険が待っているかもわからず、勝手に入って被災するのは自殺行為であり、そうでなくても犯罪の疑いをかけられる可能性まで出てきます。

**（4）意外にもベテランが被災する。**

①今日の作業は終わった。時間的に余裕があるので、明日の段取りでもしておくかと、予定外だが明日の段取りを済ませておこうと単独作業とか、吊りチェーンの緩みを発見した

ので善意の予定外作業となるが治しておこうとして単独作業で墜落等。
②「いつもやってることだ」、「これくらい、どうということはない」という過信。
③「これくらい手抜きしても被災したことがないから大丈夫（？）」という過信。

**（５）教育を十分に受けて（知って）いるはずの監督者自らがルールを無視して被災する。**

①「いちいち説明しているより自分でやった方が早い」と（監督者不在で）安全帯も使用しないで単独行動して足を滑らせ墜落。
②工期・工程的に時間に追われているときには、作業員と一緒になって率先垂範（？）して作業に夢中になって被災する（監督者不在）。

命あっての物種（ものだね）ということわざがありますが、何事も命があってこそ初めて出来るものです。類似語に「死んで花実が咲くものか」というのもありますが、生きていればこそ、いつか良いことにもめぐりあえるというものです。

◇◇◇◇◇◇◇◇◇◇◇◇◇◇◇◇◇◇◇◇◇◇◇◇◇◇◇◇

## 71　危ない橋を渡る（車運転中の携帯電話で大事故に）

携帯電話、スマホの時代です。電車内は俯いて画面に見入る人ばかり、ゲームを楽しむ人ばかりで、何だこれはと思っていましたが、最近はこの異様な風景が当たり前となってきております。道行く人もうつむいて往来しており危険がいっぱいです。ずっと画面を見ていなければならないようになってしまった心理、このこと自体が私には理解できないのですが、これが車の運転中まで離せない、自転車で走りながらも離せないようでは大事故の連鎖は目に見えています。重症です。

努力してできないものは、何もないかもしれませんが、人間が同時に2つのことを行なうことはかなり難しいことです。まして、携帯電話で話しながら走る凶器とも言われる車の安全運転ができるわけがありません。一方では、前後左右に目配りしながら運転し、一方では頭の中は、相手の話を一生懸命聞き取ろうとしている。

そこで、次第に話に夢中になってくると、前を見ているようで、実はよく見えていない。いや、全く見えない瞬間があってもおかしくない状態となっています。どんなに車のベテランであっても運転操作が鈍くなってくるのは否めませんが、そのことに気がつかないでいるから、じつに恐い話です。子供や二輪車等の突然の飛び出しがあった場合は、そく対応できるわけがありません。

また、話の内容に疑問が生じて考え出したりすると見える物も見えなくなってきます。つまり限られた脳の力〝脳（能）力〟は注意力を必要とする仕事が増えてくると頭の中は混線してしまって、明らかにパニックです。視野が狭くなって反応動作も、当然、鈍くなっています。

今どきは、「ワイヤレス」だから平気だとか、「ハンズフリー」だから電話受信しても全然気にならないとか聞くこともありますが、これは大きな間違い、大きな錯覚です。自分の両手は、ハンドルをしっかりと握っているつもりでも、自分の心は車の外であって、「自分の手に心が通じなくなってきている」ことに気がつかなければならないのです。

運転中のテレビ観戦・鑑賞も困ったものですが、最近は、運転しながらスマホゲームに熱中する人もいるそうで怖くなります。危ないです。車が走る凶器というのは、今始まったことではありませんが、車の運転席には自分（心）がいないことに早く気がついてもらわないとかないません。走行中の心の空白、じつに恐ろしいことです。じつに〝危ない橋〟を渡っているのです。

運転中の携帯電話使用が道交法で禁止されていることは分かっていることは思いますが、平成26年中の違反検挙件数は、全国で約１１０万件というから驚きます。そのうち、事故に至ったのが、1700件にものぼるそうです。とくに、通話だけでなく最近は画像を見ながらの事故が急増中、というから大いに反省しなければならないのです。使用上における厳しい法制化と厳罰化が必要に迫られております。大惨事を重ねないためにも車運転中の携帯電話使用・スマホ使用は、厳重に取り締まるべきです。

◇◇◇◇◇◇◇◇◇◇◇◇◇◇◇◇◇◇◇◇◇◇◇◇◇◇◇◇

## 72 過ちを改めざる是《これ》を過ちという

自分の過ちに気が付いたら、あるいは、すでに知っていたら、すぐにも改めるべきである。過ちを犯して、何も学ばずに改めようとしないことこそ真のあやまちである、ということです。出典は論語で孔子の言葉だそうですが、実に同感です。自分の過ち(不安全装備・不安全行動等)に気付いていながら、「そんなこと、やっている暇がない」、「ちょっとで済むからいいだろう」、「これくらい大丈夫だ」、「こんなことで事故になるわけがない」、「捕まるわけがない」等と全く根拠のない危険を軽視した考え方による行動、すなわち、真の過ちを犯していると、必ず沸騰点に達することになります。

〝過ちは改《あらた》むるに憚《はばか》ること勿《なか》れ〟という言葉も論語にあるようですが、過ちを犯したら、しっかりとこれを反省して大事にいたる前に躊躇することなく、すぐさま改めることです。

仕事に熱中してくると、あるいは、焦ったりすると、安全装備や安全対策をうっかりと忘れることがあるかもしれません。これはこれで問題ではありますが、本人が気が付いてないようだったら周りの人が互いに気軽に、いつでも注意し合うことが大事です。

何のための毎日の仲間か、家族同然の仲間はいつでも互いに〝自然体〟で助け合うようでなければなりません。ご安全に！

◇◇◇◇◇◇◇◇◇◇◇◇◇◇◇◇◇◇◇◇◇◇◇◇◇◇◇◇◇◇◇◇◇◇◇◇

## 73　猫も杓子《しゃくし》も

「大変な世の中になりつつあります。変貌《へんぼう》著しい昨今の世の中の風景について少し述べます。表現があまりよくないかもしれませんが、「猫も杓子も」と言いたいくらいにスマホ利用者が蔓延《まんえん》しているからです。世の中一体、これからどうなっていくのでしょうか。通勤電車に乗ると、椅子に座る人も立っている人もみんながみんな首を前に倒して手に持った物を眺めています。あるいは、何やら忙しそうに操作している。中には英会話等のリスニング勉強中の人もいるかもしれません。あるいは、好きな音楽を聴いている人もいるかもしれませんが、両隣も前も後ろもみんなが黙々として眺めている景色は、異様な風景としか映りません。

私は、ガラケー。周囲の流行に決して抵抗しているわけではないのですが、一度も必要に迫られたことがないからです。ときには「何だ、そんな物まだ使っているのか」と冷やかされることもありますが、欲しいと全く思わないからです。〝そんな物〟でいいのです。そこで、安全。車内の異様な風景だけでは、いまだ他人に害をなしていないかもしれませんが、公道や駅の構内・ホームなどで〝うつむいて〟歩きながらのスマホに熱中されるとかないません。

本人が看板にぶつかったり、窪みに足を落として勝手に捻挫したりするのは、自業自得であって一向に構いませんが、他の通行人にぶつかったり、通行の支障になるような迷惑行為となっていることに気がつかなければならないのです。

まして、目の不自由な人などの障害者の方々も歩いていることを忘れてもらっては困ります。俯き加減でホームの端を歩いていて、電車にぶつかったり、線路に落ちて命を落とす事故も起きています。自分が痛いめに遭《あ》う（あるいは、この世からいなくなる）だけではなく、線路障害を起こせば電車運行にも当然、大きな支障となり、迷惑は計りしれません。

前にも書きましたが、車運転中までスマホを楽しまれては、人命を損なうばかりか大事故の連鎖が危惧されるので、これぱかりはご遠慮願います。

スマホ関連の製作者・販売者業界は儲かって笑いが止まらないかもしれませんが、電車が止まるだけでなく巻き添えで大勢の人の命も止まりかねません。厳しい法整備化が必要です。これはもう流行りの〝病〟であると言ってもいいでしょう。こんなことになることは十分にわかっているはずですが、インフルエンザのように猛威を振るって流行していま す。これをまた不思議と思わないで、我も我もと流行を追う人の心理が私にはわかりません。蛇足ではありますが、うつむいてばかりの〝熱中〟症は、頸椎を大分痛（傷）めている（頸椎症）らしいですよ。用心されたほうがいいかと思います。

◇◇◇◇◇◇◇◇◇◇◇◇◇◇◇◇◇◇◇◇◇◇◇◇◇

## 74 千載一遇《せんざいいちぐう》（ラジオ体操）

会社・工場・工事現場あらゆる現場において、仕事を始める前の準備運動が盛んに行なわれております。それもほとんどが「ラジオ体操」という軽やかなメロディー・リズムに乗って行なわれております。これから一日仕事を始めるにあたって身体を解《ほぐ》して、心身ともにリフレッシュして、今日も元気に頑張ろうというわけです。

このラジオ体操は、いつ頃から始まったのか調べてみました。1925（大正14）年アメリカの保険会社で、ラジオ放送による健康体操を始めたのが最初のようです。

〈ラジオ体操略史〉

日本では、1928（昭和3）年、当時の逓信省簡易保険局を中心にNHK、文部省が協力して、NHK東京中央放送局から「国民保険体操」という名（伴奏曲：福井直秋作曲の「可愛い歌手」）のもとに放送開始したのが始まりで、翌1929（昭和4）年には全国放送されたとのことです。と言っても、この時代では、ラジオの普及率は低く、ラジオ体操は、極く限られた地域・場所での普及だったことと思われます。なお、現在よく使用されている「ラジオ体操第一」は、三代目曲で服部正さんの1951（昭和26）年作曲です。

〈体操も一生懸命にやる〉

折角いただいているラジオ体操の時間、みなさんは有効に活用していますか？

私が時折参加し、見せていただいた現場の朝礼前のラジオ体操は、大手のゼネコンさんを含めて形式的に〝流して〟いる作業員が多かったように思います。たとえば、「背伸びをする」ところでは、背筋を十分に伸ばしてよい運動姿勢を作っているか。「腕を回す」というのは、肩関節を柔軟にして肩こりや首筋の疲れを取る目的だけど、腕は大きく十分に回っているか。

「体を横に曲げる」というのは、わき腹の筋肉を伸ばすことで消化器官の働きを促進するといわれますが、思いっきりわき腹の筋肉を伸ばしているか。

「身を前後に曲げる」のも折角腰痛予防体操だというのに前後に思いきり曲げているか。

とくに、「両脚で跳ぶ運動」では、正しく跳べば全体の血行をよくして身体の緊張を解し、脂肪を燃焼させて筋肉量がＵＰすると言われますが、つま先でジャンプしてつま先から着地しているか。両脚の開閉跳びは息が弾《はず》むくらい活発に跳んでいるかですが、私が見る限りでは、跳ぶべきときに靴は地面から離れず、全体的にダラダラとやっているような反省すべき現場が多いのではないかと思います。

わずか、３分くらいのラジオ体操ですが、まじめにやれば全身の筋肉を〝まんべんなく〟

鍛えられるのです。何よりも一日の体のリズムを整える絶好のチャンスだと思います。貴重なラジオ体操の時間、この折角の限られたときを決して無駄にしてはなりません。どうせやるなら一生懸命やりましょう。

## 75　笑う門には福来る（ストレスを溜めない生活習慣）

メンタルヘルスとは心の健康のことです。ストレスが溜まると心が不健康となります。主な原因は、厚労省の調べによりますと、1番目は、人間関係、2番目が仕事の量、3番目が仕事の質だそうです。やはり、日常の人間関係が大きく占めているということです。そこで、溜めない対策ですが、それは「一日決算主義」に努めることだと聞いたことがあります。早い話が「問題を翌日に持ち越さない」ということのようです。そのためには何をすればよいのか。

**（1）早起き・早寝を習慣化してよく寝る**

まず考えられることは、早起き・早寝を習慣化してよく寝ることでしょう。寝ることが1番の解消法だと思いますが、よく言われるのは寝る前に食べないことです。一般的に食べたあとは、胃の中の消化滞留に2～3時間を要して小腸に送られるそうですが、自分が床に入って寝入った場合は、胃腸の働きも鈍ってくるでしょうし、夕食は就寝2～3時間前までに済ませなければならないことになります。

これを守らないと胃の消化活動はゆっくりとなって、中性脂肪が溜まる（肥満となる）あるいは、肌の生成・美容面にも悪影響するということですから分かった時点で生活習慣を変えなければなりません。

**（2）朝、先輩後輩に関係なく「お早う！」と率先して自分から挨拶の声を掛ける**

朝、勤め先に着いて誰かに出会ったら、先輩後輩に関係なく「お早う！」と率先して自分から挨拶の声を掛けることです。先手必勝で気分も爽快となること間違いありません。

**（3）1日15分の有酸素運動（体脂肪を燃やす）を楽しみながらやる**

1日15分の有酸素運動（体脂肪を燃やす）を楽しみながらやるのもいいようですね。1

日10分でもよいという説もありますが、要は続けることが大事なようです。

1人で気軽にできるものには、ウォーキング、ジョギング、ストレッチ等がありますが、私は、1日40~50分のウォーキングを楽しんでおります。そして、軽く一汗かくことで、気分も爽快となります。

**（4）1日の作業予定をしっかり組んで勤務時間中は無駄なく効率的に処理する**

職業、勤め先の労働条件等により一概には言えませんが、明日に回せる仕事は明日やることです。1日の作業予定をしっかり組んで勤務時間中は無駄なく効率的に処理して、終業時間がくれば無駄な労力で残業することなく早々に帰ることが大事です。

**（5）1日の中で、ゆったりとくつろげる自分の時間を確保する**

一日の中で、ゆったりとくつろげる自分の時間を確保することがストレス解消に重要な位置づけとなると思います。私は精神医学者でも何でもありませんが、映画、音楽、テレビ、読書、ジム通い等々何でも良い、限られた多忙な時間の中で、少しの時間でもよいから自分の好きなことに費やす時間を割くということが大変重要なことではないかと思います。本人次第で改善の道はいっぱいあるでしょうが、要は、「気分転換する」ことが大事というか必要ということです。

そのほか、喜怒哀楽をはっきりさせるとストレスが溜まりにくいとも言われます。とくに「笑う」ということは､ストレス発散に大いに好影響するようです。笑うという行為は、自《おのず》から脳に「楽しい」という信号が送られて、それまで不快だったストレスが減少していくといいます。そして笑うという行為は確かに緊張をほぐしてリラックスして、なおかつカラオケ同様に腹筋が働いて胃腸などの内臓の動きも活発化して、いつの間にかストレスも発散しているという具合に、いいことづくめのようです。したがって、大いに笑うといいのですが、反面うるさ過ぎて、今度は周りの人にストレスが溜まるかもしれませんので周囲への気配りも必要となってきます。笑う門には福来る、よく言ったものです。

ストレスなくして、快適・安全な日々としましょう。

## 76　畳の上の怪我《けが》（安全生活）

心身ともにくつろぐ場所であるはずの自分の家で、思わぬ事故・災害に遭遇することがあります。安らぎの場所ではありますが、だからといって必ずしも、つねに安全とは限りません。「畳の上の怪我」ということもあります。疑う余地のないような畳の上にガラスの破片や鋲が落ちていたとか、場所を選ばず事故・災害に遭うということは、自分の家の内外にも事故・災害の要因が潜んでいるかもしれないということです。

心当たりのあることばかりかもしれませんが、事故事例あるいは危険予知したほうが良いと思われる事例を列記しました。これらを参考に一層の注意喚起をされるとともに、各家庭の環境・諸条件に合った事前の最善の対策をお願いしたいと思います。

### （1）玄関扉

玄関の扉は、大きくわけて開き戸と引き戸がありますが、どちらの場合でも思わぬ事故に見舞われるということがあります。

①ドア端部に手を添えたまま後ろ向きに閉めたところ、指を挟む。

②玄関に入ってドアを閉めるとき、先に入って蝶番付近に手を置いていた幼児が指を挟ん

で泣き叫ぶ。
③ドア開放のまま隣人と話し込んでいたところ、突風でドアが急に閉まって、閉じてくるドアを抑えようとした隣人が手指を挟む。
④自宅ではありませんが、２００４年には六本木ヒルズの自動回転ドアに挟《はさ》まれてしまい、６歳の男の子が亡くなるという悲惨な事故も起きました。最近ではなぜか事故のニュースを聞きませんが、未だに自動回転ドアを使用しているビル・病院等があるようですから、細心の注意が必要です。とくに小さな子から目が外せません。

## （２）階段

①足元をよく見ないで降りたところ、段数を間違えて踏み外して転倒。
②足元をよく見ないで昇り始めたが足を高く上げていなかったのでつまづき転倒。
③布団を干そうと布団を抱えて階段を昇っているとき足元が見えずつまづき転倒。
④慌てて降りようとして滑って、あるいは、階段を一段ずつ昇降しなかったので、踏み外して転倒・転落。
⑤階段に誰かが置き忘れた書籍等を踏んで、滑って転倒、あるいは、転落。
⑥階段に高齢者用に取付けていた手摺りの固定釘が経年で抜け落ちて転落。

（3）段差

①幼児など小さい子は、ちょっとした段差に躓（つまず）くことが多い。私のように高齢者となってくると、歩くのに足が上がらなくなってきているので、これまた、わずか1㎝前後の段差でも躓いて転びそうになる。

②床板などにビー玉等の置き忘れ（？）などが放置されているとたまらない。これに乗っかって転倒・骨折災害も油断ならない。

（4）台所

①キッチンマットに駆け足で乗った途端にマットが滑る、あるいは、足が滑って転倒。

②キッチンマットの端部がめくれており、これに足を引っ掛けて転倒。

③床に大豆などが落ちていて、これに乗ってしまい、滑って転倒。

④沸騰する湯や蒸気を浴びて火傷。

⑤沸いたばかりのお湯を、やかんからポットに注ぎ込むときに火傷。

⑥包丁使用時に、考えごと、あるいは、よそ見していて指を切る。

⑦茶碗、コップ類のひび割れに気がつかずに、洗っていて怪我。

⑧ガスコンロに火を点けたままトイレに入って、あるいは、かかってきた電話の話に夢中

になって沸騰、てんぷらや炒め物などの油に火が点いて火災にも。

## （５）風呂場

とくに、入浴時のヒートショックによる急死が増えているので対策が必要です。

①冬場の入浴時に、暖かい部屋から冷え込んだ脱衣場、あるいは、浴室に裸で入ると急激な温度差から心臓麻痺となって倒れる（ヒートショック）。これは風呂場に限らず、トイレや脱衣場なども注意と対策が必要です。

②床タイル上に置いてあった石鹸を足で踏んで滑って転倒。

③湯加減を間違って（あるいは、勘違いして）蛇口から熱湯を出して火傷。

## （６）棚上

①箪笥や本棚の上にいろんな物を乗せ過ぎて、地震時に落下事故。

②棚上等から物を降ろすときに、回転する椅子を踏み台にしていたので、物を持上げたとき椅子が回転して転落。腕骨折の可能性も。

## (7) ベランダ

天気の良い日に太陽にさらした布団は気持ちのいいものですが、気をつけましょう。
①ベランダの手すりに干す時や片づけるときに背伸びし過ぎて手すりを乗り越えて転落。
②ベランダ上にリンゴ箱、ビール瓶ケース等が置いてあって、これを踏み台とした幼児が手すりを乗り越えて転落。

## (8) 庭先

①植木手入れなどの脚立作業で転倒・転落。骨折。とくに、拙宅のように猫の額みたいな狭い庭の場合は、脚立の設置場所に苦慮するものですが、そうでなくても脚立の脚を完全に開くスペースがなくて、開き止めを確実に固定できないとか、脚を水平に設置できないまま使用昇降しての転落事故はよくあります。
②脚立に背を向けて降りたところ勢いあまって着地、転倒(物を持って、昇降したり、背を向けて降りる際の転落事故は多発しております)。
③草取り作業で、しゃがんでいて、急に立ち上がって腰痛。
④花壇の縁石ほか、ちょっとした段差につまづいて転倒。

## （９）その他

①子供（とくに幼児）の死亡原因の第一位は、病気ではなく、「不慮の事故」だそうです。這い這いを始める頃から立ち歩き始める頃、目につくものはすぐ手に取って口に入れようとするように、強い好奇心から引き起こされる不慮の事故を起こさないように周りには十分な配慮が求められます。
②重い物(書籍・段ボール他)を自分の身体側に引き寄せないまま持ち上げようとして腰痛。
③節電ばかり徹底して、暗い廊下を歩いていて障害物にぶつかる（激突）。
④節電ばかり徹底して、クーラー・扇風機等を使わずして熱中症に。
⑤古い剃刀で髭剃り中に顔を傷つける。
⑥紙類を整理していて、紙で手を切る（簡単に切れます）。
⑦家具類の転倒防止が不十分だったので、地震時に倒れてきた家具類に押しつぶされる。
⑧その他いろいろ（キリがない）。

このように、安全・安心と思っていた家庭の内外にも、事故・災害の要因がいっぱいあります。このことを思い起こして、今からでも〝わが家の安全対策〟をしっかりと立てていただいて、事故・災害を起こさない、あるいは、遭遇しないで済むように気をつけたいものです。

## 77　安心は人間の最大の敵（油断大敵）

シェークスピアの名言とされておりますが、「安心、それが人間の最も身近にいる敵である」という言葉があります。安心して緊張が緩むと心に油断が生じるので、ことが無事終わるまでは決して安心してはいけないというものです。安心が敵と言っているのではなくて、安心しても油断禁物だよということです。

これまでも述べてきましたように、事故・災害へ遭遇する機会というのは、いつでも、どこでもあります。誰にでもあります。外に出ると危ないというので、家の中にいれば安心かというと、くつろげるわが家であっても危険がいっぱいあるわけです。

それでは、のんびりとくつろげる場所がないではないかということになりますが、つねに周りの危険を意識して行動していれば、敵はおのずから消えていくのです。油断大敵ということです。現場を甘くみて、「ここで事故に遭う訳がない」とか、「これくらい平気だ」くらいの気持ちで行動していると、これが油断となり、心に隙間ができて、注意力は低下し、見える物も見えなくなってくるのです。かつて大変な事故・災害に遭遇した直後の緊張感や誓った心構えなどを忘れていないかという警鐘であり、これを決して忘れてはならないという戒めの言葉であります。

中国の言葉に、「百里を行く者は九十里を半ばとす」（戦国策）というのがあります。百里（約４００キロメートル）の道を旅する場合は、九十里に達した段階で半分の行程、あと半分残っていると心得て油断するなよ！　という戒めの言葉です。ご安全に！

# 参考文献


『安全専一』 小田川全之著 1915（大正4）年発行
『安全第一』 内田嘉吉著 1917（大正6）年発行
『古河虎之助君伝』 古河虎之助君伝記編纂会刊 1943（昭和28）年発行
『ことわざ故事金言小辞典』 江藤寛子・加古三郎共編 1977（昭和52）年発行
『安全衛生運動史』 中央労働災害防止協会編 1984（昭和59）年発行
『五輪書』 宮本武蔵著／鎌田茂雄全訳注 1986（昭和61）年発行
『中国古典一日一言』 守屋洋著 1987（昭和62）年発行

## 本を書くきっかけを作ってくれた中本繁実氏の紹介

私が中本繁実氏と知り合いましたのは、長崎工業高等学校の関東支部同窓会でした。長崎県西海市出身ということですが、そこでいただいた名刺が四つ折りの、印象に残る名刺だったので一度で覚えることができました。これもアイデアの一つです。

中本氏は、ダジャレが得意で、次から次へと出てきます。座をなごませるのが上手です。父親役は非常勤で1年中、夢求（むきゅう）「年中無休（？）」で頑張っているそうです。

現在は、一般社団法人 発明学会（東京都新宿区余丁町7番1号）の会長さんです。

これまでに、発明や特許に関するものを中心に本を50冊以上も書いておられる人です。目標は、年の数だけ書きたいと言っておられます。

発明学会（会員組織）というのは、要約しますと、発明のまとめ方や企業への売り込み方など、町の発明家が創作した発明を製品化できるように応援をしている団体だそうです。

学会のかたわらでは、工学院大学や多摩美術大学で講師（非常勤）をしておられるということで、とにかく忙しい方です。そんな中にあって、年に1〜3冊は書いておられるそうですから、実にすごい人だと思います。

その出版のプロでもある中本氏から「本を書きませんか」と勧められたのでした。

私はこれまで、建設現場で体験してきたことや感じたことなどを、そのつどメモに残しておりましたが、これを機に整理、見直してエッセイ風にまとめ上げたのが、この一冊というわけです。まさに本にする〝きっかけ〟を作っていただきました。あらためて紙面を借りて御礼申し上げます。

皆さま方に気軽に読んでいただくために、聞きなれた「故事・ことわざ」を媒体として記憶していただこうと試みながらまとめてみました。内容は、皆さんも大いに興味あるテーマだと思います。

ぜひ、手に取って、読んでいただきたいと思います。

# あとがき

事故・災害のほとんどは、物的要因と人的要因の接触によって起きております。また、それぞれの要因が存在していても接触さえしなければ災害には至りませんが、存在していること自体が「必然的」要因となります。この必然的要因を見逃しているとか、あるいは、黙認しつつも放置している場合は、事故・災害の芽を育てていると言っても過言ではありません。事故・災害は、起きるべくして必然的に起きていくのです。

「偶然」とは、何の因果関係もなく予期しないできごとが起こるさま（広辞苑）とあります。何の前兆もなく、思いもかけないことが突然に起こるさまのことです。「必然」とは、そうなるべくしてそうなることであって、起きる前から起こることがはっきりと分かっていることを言います。

「事故は偶然だった」であるとか「想定外だった」と言われることがありますが、全部とは言いませんが、事故・災害のほとんどは必然的に起きているのです。

交通事故例で説明します。最近は、高速道路での逆走車との正面衝突は珍しくもなくなりましたが、これは偶然とは言えず、しかるべく原因を抱えての必然的事故です。昨年、東名高速自動車道（追い越し車線）を走行していた高速バスのフロントガラスに対向車線から乗用車が突然飛び込んできた事故がありましたが、これこそ避けようもない想定不可の偶然的事故と言えるかもしれません。こういった、例外もときにはありますが、事故・災害のほとんどは必然的であり、すべてが原因を解明できるので、再発防止対策を立てることができるのです。

「過ちて改めざるを是過ちという」。必然的要因を見つけたら、大事にいたる前にすぐ改善しましょう。ことわざには、安全に関しても的を射たものが数多くあります。これらを時々思い起こしては、日々の行動に活かしてもらいたいと思います。

最後になりましたが、出版に際しましては、お忙しい中で原稿を丹念に読んでいただき、分かりやすい文章表現や読者が読みやすくなるような編集のアドバイスをいただきました、一般社団法人発明学会の中本繁実会長に感謝いたします。

読者の皆様方、貴重な時間を使って、本書を最後まで読んでいただきましてありがとうございました。心からお礼申し上げます。

黒島敏彦

**著者略歴**
**黒島敏彦**（くろしま・としひこ）
長崎県南島原市出身、県立長崎工業高校卒。
電力会社にて、地中送電業務（保守・工事・計画・運営業務）に従事。その後、第三セクターに出向。
東京湾アクアラインの建設工事に参画。電気主任技術者（第２種）として主に仮設受配電設備等の計画・工事ならびに各種調整業務に従事。
電力会社定年退職後、中堅の建設工事会社２社にて、安全専任業務に従事。

【国家資格】
○労働安全コンサルタント　○ＲＳＴ／安全衛生責任者教育講師
○第１種衛生管理者　○第１種電気主任技術者

【初出記事掲載】
１．㈱労働新聞社「安全スタッフ」２００４．８．２５発行に掲載
[特集] 落ちる前に考えよう
２．全国仮設安全事業協同組合「ＡＣＣＥＳＳ新聞」２００４．１０．２０発行に掲載
仮設安全時評　墜落・転落災害撲滅目指して
３．㈱労働新聞社「安全スタッフ」２００５．１．１～８．１発行に掲載
[連載] 道具の達人
４．㈱労働新聞社「安全スタッフ」２００６．４．１～２００７．３．１５発行に掲載
[連載] 苦言・直言・よこにらみ
５．㈱労働新聞社「安全スタッフ」２０１７．２．１発行
[付録] ことわざに学ぶ安全心得

77のことわざで学《まな》ぶ安全心得《あんぜんこころえ》

2018年7月2日　第1刷発行

著　者　黒島敏彦《くろしまとしひこ》
発行者　落合英秋
発行所　株式会社 日本地域社会研究所
〒167-0043　東京都杉並区上荻1-25-1
TEL（03）5397-1231（代表）
FAX（03）5397-1237
メールアドレス tps@n-chiken.com
ホームページ http://www.n-chiken.com
郵便振替口座 00150-1-41143
印刷所　中央精版印刷株式会社



ISBN978-4-89022-220-9

## 日本地域社会研究所の好評図書

中村信也・炭焼三太郎監修／ザ・コミュニティ編…地方創生×自然産業の時代！山村が甦る。大地の恵み・四季折々の独特の風味・料理法も多彩な山菜の魅力に迫り、ふるさと自慢の山菜ビジネスの事例を紹介。「山菜検定」付き！

農と食の王国シリーズ

### 山菜王国 ～おいしい日本菜生ビジネス～

A5判194頁／1852円

高田建司著…心と体のぜい肉をそぎ落とせば、誰でも知的美人になれる。それには日常の心掛けと努力が第一。玉も磨かざれば光なし。いい女になりたい人必読の書！

### 心身を磨く！美人力レッスン いい女になる78のヒント

46判146頁／1400円

阿部伸一著…学校へ通っていない生徒を学習塾で指導し、保護者をカウンセリングする著者が、これからの可能性を大きく秘めた不登校の子どもたちや、その親たちに送る温かいメッセージ。

### 不登校、学校へ「行きなさい」という前に ～今、わたしたちにできること～

46判129頁／1360円

木村昭平＝絵と文…活気・元気いっぱいの浅草。雷門の赤いちょうちんの中にすむ不思議な女と、おとうさんをさがすひとりぼっちの男の子の切ない物語。

### あさくさのちょうちん

B5判上製32頁／1470円

瀬沼克彰著…「今日用（教養）がない」「今日行く（教育）ところがない」といわないで、生涯学習に積極的に参加しよう。地域の活気・元気づくりの担い手を育て、みんなで明るい未来を拓こう！と呼びかける提言書。

### 生涯学習まちづくりの人材育成 人こそ最大の地域資源である！

46判329頁／2400円

佐藤竜一著…東北が生んだ天才的詩人・歌人の石川啄木と国民的詩人・童話作家の宮沢賢治。異なる生き方と軌跡、そして共通点を持つふたりの作家を偲ぶ比較人物論！

### 石川啄木と宮沢賢治の人間学 ビールを飲む啄木×サイダーを飲む賢治

46判173頁／1600円

―― 日本地域社会研究所の好評図書 ――

野澤宗二郎著…変化とスピードの時代に、これまでのビジネススタイルでは適応できない。成功と失敗のパターンに学び、厳しい市場経済の荒波の中で生き抜くための戦略的経営術を説く！

**スマート経営のすすめ** ベンチャー精神とイノベーションで生き抜く！

46判207頁／1630円

塚原正彦著…未来を拓く知は、時空を超えた夢が集まった博物館と図書館から誕生している。ダーウィン、マルクスという知の巨人を育んだミュージアムの視点から未来のためのプロジェクトを構想した著者渾身の1冊。

**みんなのミュージアム** 人が集まる博物館・図書館をつくろう

46判249頁／1852円

東京学芸大学文字絵本研究会編…文字と色が学べる楽しい絵本！ 幼児・小学生向き。親や教師、芸術を学ぶ人、帰国子女、日本文化に興味がある外国人などのための本。

**文字絵本 ひらがないろは 普及版**

A4変型判上製54頁／1800円

新井信裕著…経済の担い手である地域人財と中小企業の健全な育成を図り、逆境に耐え、復元力・耐久力のあるレジリエンスコミュニティをつくるために、政界・官公界・労働界・産業界への提言書。

**ニッポン創生！ まち・ひと・しごと創りの総合戦略** ～一億総活躍社会を切り拓く～

46判384頁／2700円

三浦清一郎著…老いは戦いである。戦いは残念ながら「負けいくさ」になるだろうが、終活短歌が意味不明の八つ当たりにならないように、晩年の主張や小さな感想を付加した著者会心の1冊！

**戦う終活** ～短歌で啖呵～

46判122頁／1360円

松田元著…キーワードは「ぶれない軸」と「柔軟性」。管理する経営から脱却し、自主性と柔軟な対応力をもつ〝レジリエンス＝強くしなやかな〟企業であるために必要なことは何か。真の「レジリエンス経営」をわかりやすく解説した話題の書！

**レジリエンス経営のすすめ** ～現代を生き抜く、強くしなやかな企業のあり方～

A5判213頁／2100円

## 日本地域社会研究所の好評図書

三浦清一郎著…もはや「待つ」時間は無い。地方創生の歯車を回したのは「消滅自治体」の公表である。日本国の均衡発展は、企業誘致でも補助金でもなく、「義務教育の地方分散化」の制度化こそが大事と説く話題の書！

### 「消滅自治体」は都会の子が救う　地方創生の原理と方法

46判116頁／1200円

山口典夫著…大物政治家、芸術家から街の人まで…。肖像写真の第一人者、愛知県春日井市の写真家が撮り続けた作品の集大成。モノクロ写真の深みと迫力が歴史を物語る一冊。

### 歴史を刻む！街の写真館　山口典夫の人像歌

A4判変型143頁／4800円

金岡雅文／作・木村昭平／画…学校も先生も雪ぐみもきらいな少年が、まちをあるいているとピエロさんにあった。ついていくとふかいふかい森の中に。そこには大きなはこがあって、中にはいっぱいのきぐるみが…。

### ピエロさんについていくと

B5判32頁／1470円

原忠男編著／中本繁実監修…長年培ってきた知識と経験を生かして、個ビジネス、アイデア・発明ビジネス、コミュニティ・ビジネス…で、世のため人のため自分のために、大いに働こう！ 第二の人生を謳歌する仲間からの体験記と応援メッセージ。

### 新戦力！働こう年金族　シニアの元気がニッポンを支える

46判238頁／1700円

宮田美恵子著…あの日、あの時、子どもたちが語った言葉、そこに込められた思いを忘れない。震災後の子どもを見守った筆者の記録をもとに、この先もやってくる震災に備え、考え、行動するための防災教育読本。

### 東日本大震災と子ども　～3・11 あの日から何が変わったか～

A5判81頁／926円

観光庁監修／日本地域社会研究所編…東京オリンピックへむけて日本が誇る土産物文化の総まとめ。地域ブランドの振興と訪日観光の促進のために、全国各地から選ばれた、おもてなしの逸品188点を一挙公開！

### ニッポンのお・み・や・げ　魅力ある日本のおみやげコンテスト 2005年―2015年受賞作総覧

A5判130頁／1880円